Kalewipoeg oder die Abenteuer des Kalewiden
Eine estnische Sage

ESTONIA

INDEPENDENCE DAY

Die zweite Auflage ist einer glücklichen, unabhängigen und souveränen Republik Estland gewidmet, die jährlich mit Stolz am 24. Februar ihren Unabhängigkeitstag begeht.

Am 24.02.2022 wurde dieser überschattet vom russischen Angriffskrieg auf die ebenfalls souveräne und unabhängige Ukraine. Möge es eine Zeit geben, in der Souveränität und Unabhängigkeit demokratischer Staaten nicht mehr hinterfragt werden – weder durch militärische noch sonstige Gewalt, weder durch Despoten noch Heilsbringer.

W. Hannes Kalden

27.02.2022

Kalewipoeg
oder die Abenteuer des Kalewiden

Eine estnische Sage

Frei nach dem Estnischen bearbeitet von

Christian Conrad Israël

Im Original
1873 erschienen bei Heyder & Zimmer Frankfurt a. M.,
wiederaufgelegt und kommentiert
von Wolf Hannes Kalden

Wolf Hannes Kalden (Hrsg.):
Christian Conrad Israël: Kalewipoeg oder die Abenteuer des Kalewiden. Eine estnische Sage.
Wiederaufgelegt und kommentiert von Wolf Hannes Kalden.

Buch: ISBN 978-3-942818-39-1 2. Auflage
E-Book ISBN 978-3-942818-38-4

Druck: Books on Demand GmbH, Norderstedt

Biographische Informationen der Deutschen Bibliothek
Die Deutsche Bibliothek verzeichnet diese Publikation in der Deutschen Nationalbibliographie; detaillierte bibliographische Angaben sind im Internet über http://dnb.ddb.de abrufbar.

Inhaltsverzeichnis

Christian Conrad Israël und das Epos von *Kalevipoeg*

Das *Kalevipoeg*[1] gilt als die bedeutendste Dichtung Estlands, welcher sogar die Genese eines Art Volkscharakters zugeschrieben wird. Für das *Mayer Konversationslexikon*[2] von 1907 steht noch außer Frage, dass es sich hierbei, ähnlich der Bedeutung der Brüder Grimm für die hessischen und hugenottischen Märchen, um eine weitgehend reine Zusammenstellung traditioneller estnischer Gesänge und Sagen handelt, kompiliert unter dem Eindruck des 1835 in Finnland erstellten und inhaltlich ähnlichen *Kavala*. Mittlerweile hat sich der Blick auf das *Kalevipoeg* in dem Punkt geändert, dass sein erster Verfasser, der estnische Schriftsteller und Arzt Friedrich Reinhold Kreutzwald (1803-1882) keine reine Kompilation noch vorhandener Volksdichtung vorgenommen hat, sondern den größeren Teil selber dichtete und in bestehende Sagenfragmente einfügte. Dabei kann das *Kalevipoeg* als eine Art Auftragsarbeit der Gelehrten Estnischen Gesellschaft[3] betrachtet werden. Die Gestalt des Helden *Kalevipoeg*, d. h. Kalevs Sohn, ist um die Mitte des 19. Jahrhunderts kaum noch in Sagen und Liedern tradiert. Beeindruckt von dem oben erwähnten *Kavala* trat der in Estland lebende Deutsche Dr. Julius von Schultz (1808-1875), bekannt unter seinem Pseudonym Dr. Bertram, an die Gelehrte Estnische Gesellschaft mit der Idee heran, diesen Sagenkreis um den estnischen Helden in einem Epos festzuhalten. Eines der Gründungsmitglieder der Gesellschaft, der estnische Philologe Friedrich Robert Faehlmann (1798-1850), verfasste 1839 ein erstes Konzept des *Kalevipoegs*. Nach seinem Tod 1850 übernahm dessen Freund Kreutzwald im Auftrag

---

1 Die estnische Schreibweise ist *Kalevipoeg*, allerdings verwendet Christian Conrad Israël in seiner Bearbeitung die eingedeutschte Schreibweise *Kalewipoeg*. Sobald es sich um die Ausgabe von Israël handelt, wird im Weiteren die Schreibweise *Kalewipoeg* beibehalten.

2 Meyers Großes Konversationslexikon, Eintrag: „Esthen“ (6. Auflage), Leipzig & Wien, 1907.

3 *Õpetatud Eesti Selts*

der Gelehrten Estnischen Gesellschaft die Fortsetzung des Projektes, wobei er nicht nur, wegen der nur bruchstückhaften Überlieferung, weite Teile frei dichtete, sondern auch ganze Charaktere und Passagen erfand, um dem Ziel einer Volksdichtung näher zu kommen, welche ein Bewusstsein für die eigene Geschichte der Esten wecken sollte. Die Region war in dieser Zeit Bestandteil des russischen Reiches. Entgegen des ersten Konzepts, ein Epos in deutscher Prosa zu erschaffen, entschied sich Kreutzwald für eine traditionelle Versform. Die erste Herausgabe 1853 scheiterte noch an der Zensur, aber nach erneuter Überarbeitung erschien das *Kalevipoeg* als wissenschaftliche Reihe in sechs einzelnen Publikationen mit insgesamt 19.087 Versen zwischen 1857 und 1861. Ein Jahr später kam 1862 auch die erste, allerdings gekürzte, estnische Ausgabe auf den Markt. Das Buch erfüllte die an es gestellten Erwartungen vollauf und war für die Entwicklung eines Nationalbewusstseins in Estland von entscheidender Bedeutung.

Christian Conrad Israël lernte das *Kalevipoeg* bereits kennen, als die sprichwörtliche Druckerfarbe noch nicht trocken war. Er kam als Ersatzlehrer aus dem Kurhessischen nach Estland, um von August 1860 bis Ostern 1862 am Gymnasium zu Võru vornehmlich Deutsch zu unterrichten. Die poetische Kraft des Werkes begeisterte ihn sofort und ließ ihn auch in den folgenden Jahren nicht mehr los, aber intuitiv merkte der sowohl in nordischen Epen wie auch den Mythen der antiken mediterranen Welt bewanderte Israël, dass es der, auch um eigene Dichtungen erweiterten, Kompilation von Kreutzwald an einer künstlerischen Einheit mangelt und auch die Gruppierung der Szenen nicht in sich schlüssig erscheint. So entschied Christian Israël sich für eine eigene, aber von Kreutzwald ausgehende, Bearbeitung des Themas, welche allein schon aufgrund ihrer Intention über eine reine Nacherzählung hinausgeht, und veröffentlichte diese 1873 in Frankfurt. Bis auf wenige eingestreute Gedichte wählte er in der Form weitgehend, wie im ersten Konzept des *Kalevipoeg* angeregt, Prosa.

Geboren wurde Christian Israël am 19. Mai 1836 in Oberhülsa, heute einem Stadtteil von Eschwege, als Kind des dortigen Pfarrers Conrad Wilhelm Moritz Israël (1802-1848) und seiner Frau Christine Wilhelmine Sofie. Aufgewachsen ist er in Heiligenrode, heute einem Ortsteil von Niestetal, nachdem sein Vater dorthin versetzt worden ist. Nach Besuch des Gymnasiums in Kassel studierte Christian Israël an der Universität Marburg Theologie. Im Anschluss an seine oben erwähnte Lehrtätigkeit am Gymnasium in Võru unterrichtete er von Herbst 1862 bis 1864 an einer Mädchenschule in Friedrichsdorf bei Frankfurt, bevor er Mai 1864 an die Realschule (später Oberrealschule) in Hanau berufen wurde. Im gleichen Monat wurde er auch als Pfarrer ordiniert. Von 1865-1871 versah er zugleich die Pfarrvikarstelle an der Johanneskirche in Hanau und wirkte von 1889 bis 1891 auch als Prediger in Frankfurt. Am 9. April 1906 verstarb der zuletzt zum Professor erhobene Christian Israël aufgrund einer Herzschwäche in Hanau.

Die vorliegende Ausgabe geht über die ursprüngliche Version des *Kalewipoeg* von Christian Conrad Israël aus dem Jahr 1873 hinaus. Neben den bereits von Israël zum besseren Verständnis eingearbeiteten Kommentaren finden sich weitere des Herausgebers – zum besseren Verständnis jeweils kenntlich gemacht. Der Sprachstil Israëls ist unverändert beibehalten worden, wobei lediglich die Orthographie zeitgemäß angepasst wurde. Zudem finden sich am Ende des Buches noch zwei Gedichte aus dem Nachlass von Christian Israël zum *Kalevipoeg*-Zyklus, welche damals nicht veröffentlicht worden sind. Auf die Aufnahme seines, wahrscheinlich zusammen mit seinem Sohn Carl Israël begonnenen, nie vollendeten Werkes zur Vineta-Sage ist an dieser Stelle verzichtet worden. Geplant ist eine Gesamtausgabe in den kommenden Jahren.

Wolf Hannes Kalden

Christian Conrad Israël 1836-1906 (Quelle: WHK).

Kalewipoeg oder die Abenteuer des Kalewiden

Vorbemerkung

Es ist das große Verdienst der Gelehrten estnischen Gesellschaft zu Dorpat[4] für die Sammlung der Reste der im estnischen Volk noch lebenden, leider sehr stark im Aussterben begriffenen Sage vom Sohne Kalews (Kalewipoeg[5]), dem eigentlichen Nationalhelden der Esten, Sorge getragen zu haben. Besonders war es der unermüdliche Sammler Dr. Kreutzwald[6] in Werro[7], der im Vereine mit Freunden die über Estland, die Gegend von Pleskau[8] und über einen Teil von Lievland[9] zerstreuten Bruchstücke der alten Kalewssage zusammengetragen hat.

Noch vor 70 Jahren war den Esten nördlich von Dorpat das Lied vom Kalewipoeg bekannt und wurde namentlich von Mädchen ge-

---

[4] [Anmerkung Hrsg.: Die 1838 in Dorpat (Estnisch: Tartu) gegründete Gelehrte Estnische Gesellschaft (Estnisch: Õpetatud Eesti Selts) ist die älteste wissenschaftliche Gesellschaft Estlands. Nach ihrer Auflösung unter sowjetischer Besetzung 1950 erfolgte die wiederholte Gründung 1988.]

[5] [Anmerkung Hrsg.: Entgegen der estnischen Schreibweise Kalevipoeg wird die Schreibweise Kalewipoeg im Werk Israëls beibehalten.]

[6] [Anmerkung Hrsg.: Der estnische Arzt und Schriftsteller Friedrich Reinhold Kreutzwald (1803–1882) bemühte sich um die Pflege und Wiederbelebung der estnischen Sprache. Neben seiner Bearbeitung von Märchen und Sagen dichtete er das estnische Nationalepos Kalevipoeg nach.]

[7] [Anmerkung Hrsg.: Estnisch: Võru.]

[8] [Anmerkung Hrsg.: Pleskau (estnisch: Pihkva; russisch: Pskow) ist eine Großstadt im Nordwesten Russlands, ca. 300 km südwestlich von St. Petersburg.]

[9] [Anmerkung Hrsg.: Livland (alt: Lievland) ist eine historische Region im Baltikum und bezeichnet ungefähr die Region von Riga bis zum Peipussee.]

sungen, und Dr. Schultz[10] hörte das merkwürdige Zeugnis aus dem Munde eines alten Mütterchens, es sei ein liebliches und bodenloses (unergründliches) Lied gewesen, und wenn zu ihrer Jugendzeit die verstorbene Kreusse Liso das Lied sang, standen die Zuhörer wie bezaubert, bald lachten sie, bald weinten sie[11]. Aber das Lied ist untergegangen bis auf einzelne Bruchstücke, und auch die Sage selbst ist in einzelne Trümmer zerfallen. Dr. Kreutzwald hat es nun versucht, die *disjecta membra*[12] wieder zu einem Leibe zusammenzusetzen in einem 19.043 Verse umfassenden estnischen Gedicht: Kalewipoeg. Ich will die Verdienste dieses im Ausland weit mehr als in seiner Heimat gewürdigten Mannes nicht schmälern, kann aber nicht annehmen, dass er der Urgestalt des Liedes sehr nahe gekommen sei, und wenn ich in diesem auch nicht ein Lied von echt künstlerischer Einheit mit harmonischem Verhältnis der Teile zum Ganzen vermute, so hat es doch sicherlich nicht nur planlose, aus dem ungefähr sich ergebende Traten seines Helden geschildert.

Die einzelnen Teile zeigen eine solche Fülle poetischer Kraft, dass ein so starker Mangel an künstlerischer Einheit und eine dem Grundgedanken so wenig dienende Gruppierung der einzelnen Abenteuer, wie sie uns das Kreutzwaldsche Werk (übersetzt von Reinthal[13]) bietet, ein innerer Widerspruch dagegen ist. Ich glaubte mich darum vollständig berechtigt, von der Kreutzwaldschen Zusammenstellung absehen, der ursprünglichen Einheit nachspüren und danach zum Teil eine eigene Anordnung des Stoffes treffen zu dürfen. Ich bin weit entfernt zu denken, dass ich den ursprünglichen Gang des Liedes hergestellt hätte, nur das glaube ich, dass ich ihm näher gekommen bin

---

10 [Anmerkung Hrsg.: Der deutsche estophile Georg Julius von Schultz (Pseudonym: Dr. Bertram) brachte die Idee, das Kalevipoeg zu bearbeiten, in die Gelehrte Estnische Gesellschaft ein.]

11 [Anmerkung C. Chr. Israël:] Siehe Wilhelm Schott, *Die estnischen Sagen von Kalewipoeg*, Berlin 1863.

12 [Anmerkung Hrsg.: Lateinisch: versprengte Glieder.]

13 [Anmerkung Hrsg.: Carl Gottlieb Rheintal (1797–1872) war ein deutschbaltischer Pastor und Autor. 1851 bis 1853 war er Präsident der Gelehrten Estnischen Gesellschaft.]

und einen Weg zu einer neuen poetischen Behandlung gewiesen habe. Mein Zweck war den Kern dieser schönen Sage vom Kalewipoeg, die nur in kleinen Kreisen bei uns bekannt ist, zur Kenntnis des grösseren Publikums zu bringen, welches in neuerer Zeit für die trefflichen estnischen Märchen (gesammelt von Kreutzwald, übersetzt von F. Löwe, Halle, Waisenhaus 1869) viel Interesse gezeigt hat. Und wenn das vorliegende Büchlein nur geeignet wäre, einen Beitrag zu dem Nachweis zu liefern, dass dieses im Untergang begriffene Estenvolk[14] ein poetisch sehr begabtes war, so wäre damit die Veröffentlichung dieses Versuches schon gerechtfertigt. Aber ich glaube auch der Jugend eine willkommene Lektüre in dieser Erzählung bieten zu können.

Möchte sie eine günstige Aufnahme finden, besonders auch in Lievland, dem Lande so lieber Menschen, unter denen ich die schönsten Jahre meines Lebens zubrachte, und denen ich das Schriftchen als Zeichen dankbarer Erinnerung und als Gruß aus der Ferne darbiete.

Hanau a. M. am 3. November 1872

Israël

---

14 [Anmerkung Hrsg.: 1710 wurden Estland russisch und gehörte in der zweiten Hälfte des 19. Jahrhundert zum Ostseegouvernement des Russischen Reiches. Neben einigen tausend schwedischen Küstenbewohnern bestand die Bevölkerung zum größten Teil aus estnisch sprechenden Esten und Deutsch sprechenden Deutsch-Balten. Vermutlich wegen der Besetzung, der straff organisierten Russifizierung, die bis 1919 durchgeführt wurde, und dem großen Anteil von Deutschsprechern in der Mittel- und Oberschicht kommt Christian Conrad Israël zu dem falschen Eindruck, es handele sich um ein untergehendes Volk. (vgl. Meyers Großes Konversationslexikon, Stichwort: „Esthen"; Leipzig, 1907).]

Erstes Abenteuer

Der Raub der Mutter

Ein Mann heißt Kalew[15]; der wurde von einem Adler aus dem fernen Nordland durch die Luft getragen und am Felsenstrande Wierlands[16] niedergesetzt. Da ward er König von dem Lande.

Es war auch eine Jungfrau die hieß Linda, und war aus dem Ei eines Birkhuhns geboren und so schön, dass selbst die goldene Sonne und der silberne Mond und ein Sternenknabe um sie streiten und noch viele Andere, doch sie verschmähte alle. Als aber Kalew um sie warb, sprach sie: „den will ich haben", und fuhr mit ihm über weite Schneefelder und durch dichten Tannenwald in seine Burg. Linda bekam mit der Zeit zwei Söhne; da wurde Kalew siech und starb, und das Gras wuchs auf seinem Grabe, seine Wangen aber trieben rote Blumen und seine Augen blaue Glöckchen, und sie waren noch nicht verblüht, da gebar die Witwe einen Spätling, der war dem Vater am ähnlichsten und von ihm gewann Linda wieder Freude.

Bald kam ein Freier nach dem andern, um ihre Hand zu werben, aber sie wies sie alle ab; zuletzt kam auch ein Zauberer aus Finnland, der ergrimmte ob ihrer Weigerung und schwur ihr Rache; er zürnte lange.

Einstmals gingen Kalews Söhne in's tiefe Holz, den Elk und den Ur zu jagen oder den Bären zu erlegen. Linda aber hütete Haus und Schätze und gedachte Kalew. Und sie hängte den Kessel übers Feuer, den Söhnen ein Mahl zu bereiten. Die aber waren über Fels und Furt

---

[15] [Anmerkung C. Chr. Israël:] Kalew, der Vater des Helden der estnischen Sage, ist identisch mit dem Kaleva der Finnen, er kommt aus Kalevala d. i. dem Heimatland der Riesen, Finnland.

[16] [Anmerkung C. Chr. Israël:] Wierland (Wiro), ist Estland (Wirolaisel werden die Esten von den Finnen genannt).
[Anmerkung Hrsg.: Wierland (Estnisch: Virumaa) ist eine Landschaft im Nordosten Estlands.]

und Stock und Stein gezogen weit in den Föhrenwald und erlegten einen Auerochsen und schossen ein Elen nieder. Da nahmen sie einen Imbiss und gedachten der Heimfahrt und der jüngste Bruder, der am stärksten war und nicht klein, trug das Wild auf seinem Rücken. Als sie ein Stück gezogen waren, erschauten sie einen Bären, den überwältigten sie auch mit Geren und Keulen, und der jüngste Kalewide warf ihn über die Schulter. Da gingen sie fürbass.

Unterdessen geschah ein großes Unglück mit ihrer Mutter. Der windekundige Zauberer Finnlands war über das Meer gefahren und hatte das Haus lange umschlichen, wie eine Katze sich im Grase und hinter den Steinen bergend, und als die Söhne fern waren, raubte er Mutter Linda und schleppte sie nach seinem Schiffe hin. Aber wie sie jammerte und sich wand in den Armen des Räubers, erbarmten sich die Götter und verwandelten sie in einen Felsen, der steht noch auf dem Fruberge bei Reval[17].

Kalews Söhne waren bis in Taaras[18] Wald gekommen, den man den Kõnigswald heißt, da setzte sich der älteste Bruder unter einem Baume nieder, und hub an aus voller Kehle zu singen, so dass die Blätter der Bäume erglänzten, und die Nadeln an den Föhren sich zu Büscheln formten, Eicheln an dem Eichbaum und Kätzchen an der Birke sprossten, und die andern Bäume sich mit duftigem Blütenschnee bedeckten. Anger, Wald und Heide hallten wider von den süssen Tönen, und des Kunglakönigs[19] Töchter mussten weinen vor Ent-

---

17 [Anmerkung Hrsg.: Reval ist das heutige Tallinn, die Hauptstadt Estlands.]

18 [C. Chr. Israël:] Taara ist der höchste Gott der Esten, er heißt auch Bana Isa, d. i Altvater und Ukko (Großvater); er scheint als ein die Ernten und die Fruchtbarkeit beschützende Gottheit verehrt worden zu sein. Auch beschützt er mit seinem Flügel die in den Grüften Schlummernden (Kreutzwald).
[Anmerkung Hrsg.: Insbesondere zwischen 1925 und 1940 entstand während der Unabhängigkeit Estlands ein neuheidnischer Kult in Estland, der versuchte an den alten Volksglauben anzuschließen.]

19 [C. Chr. Israël:] Kunglakönig, Kungla kuningas, der König von Kungla, eines nordischen, nicht zu bestimmenden Landes, dessen Reichtum in Sage und Lied gepriesen wird; er wird einmal Inselkönig genannt. Seine Töchter sind um ihres Reichtums Willen die begehrenswertesten Frauen.

zücken. Wie sie nun in den Birkenwald traten, setzte sich der zweite Bruder unter einer Trauerbirke nieder und ließ aus bewegtem Herzen ein Lied erschallen, das klang so schön, dass sich die Blumenknospen öffneten, die goldnen Ähren schwollen, die Äpfel sich röteten, die Rüsse sich mit Kernen füllten, und die Kirschen süßes Fleisch gewannen. Und auf allen Hügeln sprossten rote Beeren und blaue an dem Moore, und die die Wassernixen mussten weinen.

Nun kamen sie in den Eichenwald, der dem Taara heilig war, da erst setzte sich der jüngste Kalewssohn unter eine edle Eiche und stimmte süßen, herzbewegenden Sang an, also dass das scheue Wild im Birkenhain und Föhrenwald sich sammelte und horchte. Und die Elstern schwatzten lauter, und die Schwäne tönten auf dem See, und die Lerchen trillerten höher, und alle Vöglein schlugen süßer, ja die Nachtigall lernte von ihm erst die Flötentöne, die das späte Abendrot und den stillen Morgen ergötzen. Solange er sang, schlugen die Meereswogen lauter an die Felsen, und die Bäume rauschten und die Wolken teilten sich über den grünen Hügeln, weil auch der Himmel lauschen wollte, und des Elfenkönigs Töchter weinten vor Entzücken und erglühten für den Sänger. [20]

---

[20] [C. Chr. Israël:] Man beachte, dass in der Wirkung der Gesänge eine Steigerung liegt. Während der Gesang des ältesten Bruders das Erglänzen der Blätter, das Entstehen von Knospen und zum Teil auch Blütenschnee auf den Waldsträuchern bewirkt, öffnen sich beim Gesange des Zweiten alle Knospen und reifen die Früchte; beide wirken nur auf die Pflanzenwelt, der jüngste, der eigentliche Held der Sage, begeistert die ganze lebende und tote Natur. Der ganze Vorgang erinnert an den estnischen Gott des Gesanges Wäinämoine, der nach Erschaffung der Welt in die noch stumme Natur vom Himmel herabkam und zu seiner Kantelet so herrlich zu singen begann, dass alle Wesen lauschten und von ihm die Töne lernten, die Bäume das Rauschen und das Meer das Brausen, die Vögel ihren Gesang und jedes Tier seine Stimme; nur die Fische streckten ihre Ohren nicht über den Wasserspiegel, darum hörten sie nicht und sahen nur, wie alles den Mund öffnete, das taten sie wohl auch, aber einen Ton lernten sie nicht und sind stumm geblieben. In den schwermütigen Gesängen der das Unglück ahnenden Brüder feiert der Este die Art seiner Poesie überhaupt, sie ist wie mit einem Trauerflor umzogen.

Als die Söhne heimkamen und die Pforte offen, das Herdfeuer erloschen fanden und ihre Mutter nicht sahen, da riefen sie nach ihr, dass ihre Stimmen bis nach Dagö[21] und Oesel[22] hindrangen über's Meer, aber sie hörten keine Antwort, und ob sie bis in die Nacht suchten, fanden sie keine Spur, nur der jüngste sah eine Fährte am Strande und stellte seinen Sinn nach Finnland. Seine Brüder gedachten des Schlafes, er aber wollte nicht rasten. Er ging in des Mondes Silberschein zum Grabe des Vaters, sang das Wecklied und schlug mit dem Stabe. Da hörte er eine dumpfe Stimme: „Wer schafft mir Beschwer, stört mir die Ruh?" „Ich, dein Sohn, heische Kunde, wo blieb die Mutter?" – „Lang' wirst du suchen die Geraubte und vergeblich sie finden, genötigt sprach ich, nun will ich schweigen." „Schweige nicht, ich will dich fragen, welcher der Männer die Mutter entführte?" „Des Zaubers kundig sitzt er in Finnland, genötigt sprach ich, nun will ich schweigen." „Schweige nicht, ich will dich fragen, wer führt mich über das Meer nach Finnland?" „Der blinkende Stern, der feststeht, des Himmels Nagel, führt dich über das Meer nach Finnland, drei Mal sprach ich, nun schweige ich lange."[23]

---

[21] [Anmerkung Hrsg.: Dagö ist der deutsche und schwedische Name der zweitgrößten estnischen Insel Hiiumaa.]

[22] [Anmerkung Hrsg.: Oesel ist der deutsche und schwedische Name der größten estnischen Insel Saarema.]

[23] [C. Chr. Israël:] An die Stelle der im Liede vorliegenden ziemlich matten, gemütlichen und gefühligen Unterhaltung des Kalewiden mit dem toten Vater, habe ich hier eine eigentliche Totenbeschwörung, welche das Urlied gehabt haben muss, der Edda nachzubilden versucht, mit der ohnehin manche Berührungen stattfinden.

Zweites Abenteuer

Des Kalewiden Fahrt nach Finnland. Das Inselmädchen. Kampf mit dem Zauberer. Gewinnung des Schwertes und Ermordung des Waffenschmieds

Da verließ der Kalewide das Grab des Vaters und sprang in die wilde See und schwamm nach dem Nordstern, den man des Himmels Nagel heißt, und die Wiege der Wellen wälzte ihn immer weiter nach Norden. Wie sich der schwedische Bär am Himmel senkte, erblickte er ein Eiland[24] und machte Rast, den Rücken an einem Felsen lehnend, und wollte schlafen. Da hörte er fernen Gesang durch die Nacht, der klang wie der Schlag der Nachtigall im Erlenhain, und kam vom Eilandsmädchen, das im Mondschein Linnen bleichte.

Es sang aber also:

Es stehn die Sterne am Himmel,
es scheint der Mond so hell,
es eilen die silbernen Wellen,
im Winde nach Finnland schnell.
Und eilt ihr im Winde so schnelle
und tut mich scheiden so lang,
so sagt ihm, Wellen im Winde,
wie mir das Herz so bang.

Nun sang auch der Kalewide, das tönte so schön, dass sich das Meer kräuselte wie Lämmer und die lichtrandigen Wolken rascher fuhren; er ließ sich aber also vernehmen:

Wohl stehn die Sterne am Himmel,
es scheint der Mond so hell,
Wohl eilen die silbernen Wellen

---

[24] [C. Chr. Israël:] Unter diesem Eiland ist wahrscheinlich das heutige Rargen gemeint. Vgl. Wilhelm Schotts treffliche und gelehrte Abhandlung über die Estnischen Sagen von Kalewipoeg, aus den Abhandlungen der königlichen Ak-demie der Wissenschaften zu Berlin, 1862.

im Winde nach Finnland schnell.
So lass sie eilen und meide
den falschen Finnengesell,
lass kosen und scherzen uns Beide,
so wird Dein Herz Dir froh.

Da sah ihn die Jungfrau und näherte sich ein wenig, und der Kalewide ging ihr entgegen, und sie setzten sich nieder am Rande der Klippe und verweilten da bis zum Morgen. Als aber ihr Vater sie am Morgen sah, der am Strande ging, um Netze zu werfen, senkte sie ihr Haupt und sah verschämt ins Wasser, und wie er den Fremden anrief, und der seinen Namen nannte, erschrak sie und sank schwanenweiß in's dunkle Meer.[25] Der Kalewide tauchte ihr nach, da er sie aber nicht fand, schwamm er weiter nach Norden, lange hörend des Inselvaters Klagen.

Er ruderte den Tag über und fand nicht, wo er ruhen konnte, und auch die Nacht durch wiegte ihn der krause Rücken des Meeres, er aber sah immer nach dem festen Stern und behielt die Richtung. Am Morgen erstieg er das felsige Ufer Finnlands. Hier schlief er den heilen Tag und die Nacht durch, und sein Atem dröhnte, dass niemand ihn wecken durfte. Dann schritt er über Fels und Furt und weite Hei-

---

[25] [C. Chr. Israël:] Nach dem Original wird die Jungfrau von dem Kalewiden verführt. Es ist dunkel, warum die Inseltochter erschrickt, als der Held seinen Namen nennt. Ist Schotts scharfsinnige Vermutung nach der Analogie in der Kullervo-Sage, wie sie das finnische Lied Kalevala bietet, richtig, dass das Mädchen die leibliche Schwester des Kalewiden sei, was dann die Sage aus Scheu vor diesem Gräuel verschweigt, so stehen wir vor einem ähnlichen Verhängnis, wie es uns die Oedipus-Sage der Griechen vor Augen stellt. In der Tat ist diese Scene der Quell von allem Leide; die Jungfrau versenkt sich aus Verzweiflung über ihre Entdeckung in's Meer, der Kalewide ermordet den Bräutigam des Mädchens in Finnland, und diese Tat hat die Verzauberung des Schwertes und damit den schrecklichen Untergang des Helden durch seine eigene Waffe zur Folge. Wir hätten also hier eine Ähnlichkeit mit dem Nibelungenlied, welches auch gleichsam nur die Lippen öffnet, um den tiefsten Grund des entsetzlichen Verhängnisses auszusprechen, sofort aber wieder verstummt und uns in dunkler Ahnung lässt.

deflächen und hatte nur im Sinn, den Zauberer zu finden. Er erstieg einen hohen Berg und erschaute vom reifkalten Felsen über den Nebel hin ein Tal, dahin ging er schleichend und kam so zum Gehöfte des Zauberers. Dann blickte er über eine Mauer, da lag der sturmkundige im Grase und schlief. Nun entwurzelte der Kalewssohn eine hohe Eiche, schnitt sie zur Keule und trat mit Eisentritten in den Garten. Blinzelnd erwachte der Zauberer und nahm eine Hand voll Flaumfedern aus seiner Tasche und blies sie in die Luft, da wurden sie eine Schar gewappneter Männer, die liefen den Kalewiden mit Kräften an und schufen ihm Not, der aber traf sie mit der Keule, da lagen sie alle erschlagen. Jetzt wollte der Zauberer Sühne bieten und fing an: „Deine Mutter ist in Wierland geblieben“, das glaubte aber der Kalewide nicht, und der Zorn machte ihn so töricht, dass er ihn gar nicht zu Worte kommen ließ, und er gab ihm keinen Augenblick Frieden, sondern zerschlug ihm den Kopf wie ein Ei, dass er lautlos auf die Erde fiel und langgestreckt da lag ohne Regung.

Auf die Eiche gelehnt stand der Riesenjüngling und verschnaufte den Grimm, und wie er sich umgeschaut, rachesatt unter Leichen, und die Arbeit gesehen hatte, die er getan, durchsuchte er das Haus und meinte sicher, die Mutter zu finden; aber vergebens. Da rief er ihren Namen in's Tal, wohl hörten die blauen Berge seinen Ruf, und die Bäume bebten im Walde, und alle Vöglein schwiegen, ja die Fische im Wasser suchten den Grund, aber Linda hörte ihn nicht. Da zog die Nacht her von Osten, und der Held entschlief, matt vom Kampf und vom Gram, und im Traume erschien ihm die Mutter in Jugendschönheit, er rief freudig ihren Namen und erwachte von seiner eigenen Stimme und fand sich allein.

Traurig wandte er sich meerwärts zur Heimfahrt, denn er dachte jetzt, die Mutter sei in Wierland irgendwo verzaubert. Da kam ihm in den Sinn, sich zuvor ein Schwert zu gewinnen von dem Waffenschmied in Finnland, der in allen Landen gerühmt wurde, und er kehrte wieder um und nahm den Weg durch weite Heiden und schwankende Moräste und ging manchen Tag durch Wildnis und Föhrendickicht, ohne Richtung, ganz verirrt. Da rief ein Adler vom hohen Baume: „Klug deuchte mich der Mann, wenn er der sinkenden Sonne folgte.“ Das verstand er, der Vögelsprache kundig, und brach sich durch's Gestrüpp nach Abend. Kam ein Mütterchen daher mit lahmem Fuß, humpelnd an der Krücke, das fragte er nach Meister Rußbart, und es beschied ihm, wo er das Tal des Waffenschmiedes fände. Wie er nun eine Weile gewandert war, blickte er in ein Tal und hörte Hammerschläge, die schallten laut, und er ging ihnen nach, bald sah er die Glut in der Esse.

Da trat er in die Tür und sah vier Männer um den Amboss, einen alten und drei junge, das war der Meister mit seinen Söhnen, die hämmerten an einer Klinge. Und als er den Gruß bot, sahen sie auf, und der rußbärtige Meister fragte nach seinem Begehren, die Kappe lüftend. Er aber sprach, er möchte gerne ein gutes Schwert gewinnen, das er vorher prüfen dürfe. Das sagte ihm der Meister zu, und der jüngste Sohn brachte einen Arm voll Schwerter. Da schwang der Kalewide eins, das sauste wie der Wind, zersprang aber auf dem Ambossfelsen, Funken sprühend; und er erprobte sie alle, aber keines hielt Stand. Nun schalt er und sagte auch, das wäre Kinderspielzeug. Und sie brachten ihm Riesenschwerter, jeder schleppte eines daher, die aber zerschlug er auch, dass den Schmieden angst ward. Dann trugen zwei ein langes Schwert daher, das sauste wie der Sturmwind und spaltete den Ambos, aber es wurde schartig, und er warf es zu den Trümmern.

„Warte Bürschchen, sprach der Rußbart, eines noch hab´ ich, das diener Faust Stand hält, aber das gilt: rotes Gold drei Schilde voll, zwanzig Pferde, zwanzig Kühe mit den Kälbern, ein paar Schiffe, reich beladen mit Roggen und Weizen." Und sie nahmen aus der Eisentruhe das Riesenschlachtschwert, das einst Vater Kalew sich bestellt hatte, ehe er starb, ein Werk von sieben Jahren Arbeit. Das nahm Kalews Sohn und ließ es laufen, wie wenn der Sturmwind durch die Föhren fährt, und schlug schnellen Schlag, also das der Amboss in zwei Stücke fiel und der Fels zersprang. Da gürtete er es um die Hüften, und der Meister stellte ein Mahl an auf grüner Wiese, dort tranken sie sieben Tage vom süßen Met, sieben Tage war der Blasbalg nicht getreten.

Trunk mag frommen, wenn man ungetrübten Sinn bewahrt und kluge Rede, so allein bleibt der Hader fern. Das vergaß der Kalewide und erzählte von seiner Meerfahrt und dem schönen Inselmädchen, das die dunkle Flut verschlungen habe. Da ergrimmte Rußbarts ältester Sohn und nannte ihn den Mörder seiner Braut, der Sohn des Starken aber erwiderte: „Schweig', sonst soll dir mein Schwert den Mund schließen!“ Der Schmied aber haderte weiter. Da stand der hohe Kalewssohn vom Sessel auf, die Hand am Schwerte, und war nicht mild anzusehen, und wie sie alle die Stühle rückten und aufsprangen, schlug er mit schnellem Schlag dem ältesten Sohne Rußbarts das lokkige Haupt vom Rumpfe, dass das Blut in den Finnenbach rieselte. Als er gefallen war, standen sie alle wie sprachlos und gedachten nicht einmal ihn aufzuheben. Einer sah den Anderen an, ihr aller Gedanke war wider den gerichtet, der diese Tat vollbracht hatte. Als sie aber die Sprache wiedererlangten, da war das Erste, dass sie so heftig zu weinen anfingen, dass keiner mit Worten dem Anderen seinen Harm sagen mochte. Da wollte der Kalewide von dannen gehen, er hatte aber kaum einige Schritte getan, so standen schon Meister und Gesellen da mit Eisenstangen und Hämmern, Rache zu nehmen. Da fasste der Kalewide sein Schwert fester, dass die Knöchel weiß wurden, und wie er es sausen ließ und rief, dass sich die Bären im Föhrenwald verkrochen: „Nun bin ich zornig, grimmigeren Kampf saht ihr nie“, da wird gesagt, dass die starken Waffenschmiede dies eine Mal nicht gewagt haben zuzuschlagen. Darum schuf ihnen der Gast keine Not weiter und ging nach Mittag. Der alte Rußbart aber, eines Zaubers kundig, rief ihm nach:

„Edles Eisen, durch Mord entweiht,
räche du uns einst, wenn der Mörder arglos ist;
der fahre dahin in aller übeln Geister Gewalt.“

Der Kalewide aber achtete nicht darauf und ging schweren Trittes weiter über Land und Sand und Berg und Tal, bis die finstre Nacht ihn zwang, sich auf das Moos niederzulegen. Da wollte er den Rausch verschlafen, hörte aber noch immer ferne Totenklage. Spät schlief er ein und schnarchte so laut, dass die Felsen dröhnten und die Kieselsteine auf dem Wege hüpften, die Leute aber sprachen, der Donnergott[26] fährt über die eiserne Himmelsbrücke.

[26] [C. Chr. Israël:] Der Donnergott heißt bei den Esten Pikker. Von seiner Tätigkeit singt das Lied in erhabener Weise:

Rasselnd fuhr der Gott des Donners
mit den erzbeschlag'nen Rädern
über hohe Eisenbrücken,
dass die Funken grausig sprühten,
und entsandte, mit dem Sturme
unaufhaltsam fürder eilend,
Blitz auf Blitz aus seiner Rechten.

Drittes Abenteuer

Die Heimkehr nach Wierland

Als die Sonne aufging, verließ der Kalewide sein Lager und wanderte zwei Tage und zwei Nächte, da stand er am Felsenstrande und erschaute das Boot des erschlagenen Zauberers and der Klippe, das band er los und steuerte nach Wierland hin und fuhr im Takt des Ruderliedes. Ehe er's merkte, war er schon am Eiland des Inselmädchens und ließ das Ruder sinken und sah sinnend bald in's Meer und bald auf sein Schwert, das quer über den Bord lag. Da klang wie Windessäuseln Gesang aus dem Wasser, der lautete also:

Mägdlein ist in öder Flut,
starr und blass und kalt befeuchtet,
und vom Schwert so rot von Blut
rötlich seine Wange leuchtet.
Treues Herzblut Bächlein trank,
und den Bach hat's Meer getrunken,
rot ein Tropfen niedersank
trank ich flücht'gen Lebensfunken.

Dass ich sänge diese Klage
Dir, der beide uns getötet,
von des Schwertes Rache sage,
bis das Meer sich nimmer rötet.[27]

---

[27][C. Chr. Israël:] Die Veranlassung zu dem Grundgedanken dieses Gesanges boten mir die Worte des Liedes:

Was erglänzt dort aus der Tiefe,
schwimmt dort auf der Oberfläche?
Aus der Tiefe glänzt das Schwert,
Blut bedeckt die Oberfläche,
färbt die Meereswellen rot,
rötet auch des Mägdleins Wangen.

Und der Wind verwehte den Gesang. Darauf fasste er rasch die Ruder und strich von dannen, nimmer müde, denn seine Arme waren fest wie Eichenäste und seine Schultern wie Maserknorren. So kam er bald an Wierlands Küste, kettete sein Boot an den Felsen und erstieg den Iruberg der Heimat zu. Hier sah er einen unbekannten Felsen und hörte da eine sanfte Stimme, die warnte ihn vor seinem Schwerte, doch kümmerte er sich darum nicht, denn Kummer hatte er nur darüber, dass er die Mutter nicht gefunden hätte.

Seine Brüder aber meinten, er sei längst tot. Als sie ihn nun durch die Pforte kommen sahen, war die Freude groß, und die drei saßen die ganze Nacht beim Kaminfeuer, aßen Lachs und Fleisch der Bärin und tranken Met und erzählten sich ihre Fahrten. Der müsste viel berichten können, der von dem Allen Kunde hätte. Am längsten erzählte der jüngste Kalewide, doch schwieg er von Inselvaters Tochter und dem lockigen Waffenschmied. Er sagte auch, dass er weiterwandern müsste, ob er nicht vernehmen könne, wo die liebe Mutter Linda geblieben sei; da mussten die drei Männer weinen.

Als die Hähne Morgen krähten, sprach der Älteste: „Es will uns nicht ziemen, Wierland länger verwaist zu lassen, wir wollen losen, wer König sein soll, denn lange schon waltet keiner auf dem Hochsitz Wierlands, seit die blauen Glöckchen auf Vater Kalews Grab blühen." Da wurden sie eins, dass der König sein sollte, der den Wurfstein am weitesten werfe.

Es liegen hier die Reste einer sehr tiefen, wenn gleich von dem Dichter dieser Stelle nicht mehr verstandenen uralten Vorstellung vor, welche im Urlied ohne allen Zweifel deutlich hervortrat. Die Schatten bedürfen des Blutes, um mit den Lebenden, wenn auch nur auf Augenblicke, wieder in Lebensgemeinschaft zu treten. Denn im Blut liegt das Leben. Ich erinnere an die Schatten in der νεχνια [*nechnia*] der Odyssee, welche in Scharen kommen, um Blut zu trinken; dies erst befähigt sie zu einem wirklichen und ersehnten Verkehr mit dem Lebenden, während aller Totenbeschwörungen dem Toten nur gewaltsam und unter Qualen einige Worte abpressen; daher der beständige Vorwurf der Ruhestörung und das Sich-Sträuben zu antworten.

Viertes Abenteuer

Wie der Kalewide König wird

Nun wollten die Brüder nicht länger säumen. Sie zogen seidene Hemden an, taten die Silberkugeln um den Hals und nahmen die Röcke mit goldenen Tressen und gingen durch den Eichenwald, eine Wahlstatt zu suchen. Ihre Häupter erreichten fast das Laub, doch ragte der Jüngste noch um einen Kopf über seine Brüder. Sie suchten lange und fanden keinen Ort zum Wettkampf, und als sie wegmüde sich nach einem Ruheplatz umsahen, erschauten sie unter hohen Linden ein Gehöft, dahin gingen sie. Die Mutter stand an der Schwelle des Hauses, der Vater an der Hofpforte und rief ihnen zu, sie sollten eintreten, solche Freier nähme er gern auf, die passten an Schönheit und Reichtum zu seinen Töchtern. Ihm entgegnete der älteste Kalewide, sie dächten noch nicht an Bräute, denn das Holz zu ihren Häusern, Tischen und Betten grünte noch im Walde, der zweite aber bat, die Mägdlein möchten den milden Abend mit ihnen bei der Schaukel verbringen. Nicht lange, so traten drei goldschöne, gürtelschlanke Jungfrauen aus dem Hause und scherzten mit den Kalewiden tanzend auf der blumigen Wiese, dass die Flatterbänder im Winde flogen, bis die Sonne sank und der Mond anfing zu glänzen. Da sprach Kalews Spätling zu den Eltern: „Nicht eurer Töchter wegen und nicht aus Gier nach eurem Golde und Silber kamen wir des Weges, wir suchen nur das Gold der Sterne und des Mondes blankes Silber, und die Töchter warne ich, nicht um uns zu weinen, denn Tränen bleichen nur die Wangen der Jugend."

Also sprach er, dann gingen sie waldeinwärts und kamen, oft sich stärkend aus dem Brotsack, am dritten Tage an einen See mit hohen Ufern[28], der lag an Taaras Hügel, nicht weit davon, wo der Em-

---

[28][C. Chr. Israël:] Dieser See ist der Saadjärw bei Dorpat. Der vom jüngsten Sohne Kalews geworfene Stein, an dem man noch jetzt die Fingerabdrücke erkennen will, liegt noch unfern des Ufers. Nach Kreutzwald wurden auf diesen

bach[29] langsam in den Peipus fließt. Da erkoren sie den See als Wurfbahn und das andere Ufer als Ziel, und jeder nahm sich einen Stein. Jetzt sprach der Älteste: „Mir gebührt der erste Wurf", und entsandte im Schwung den Felsblock in hohem Bogen, doch verschwendet er seine Kraft an der Höhe und warf zu kurz, denn der Felsen stürzte rauschend noch in's Wasser, nicht fern vom Ziele, und der kochende See schlang ihn in die Tiefe. Schon wägte der zweite Bruder den Stein in kräftiger Faust, da flog das zackige Geschoss himmelan, hielt sich schwebend einen Augenblick und fiel wuchtig nieder in den Schlamm, da wo das Wasser und das Land sich schieden.

Jetzt erst erhobst du den Wurfstein, Lindas Liebling, Vater Kalews Spätgeborner, und sprachst: „Nun erschaut, ob dieser Arm schlechter sei als der eure und meines Vaters unwert, der nun schon lange nicht mehr auf Wierlands Hochsitz waltet mit Macht und milder Gabe." So der Held; und die Höhe und Breite messend mit sicherem Blick, stemmte er sich rückwärts und schwang den Fels, der aber flog gen Himmel wie der steigende Aar, und ob er wohl hoch stieg und den Blicken immer kleiner wurde, entfuhr er doch nicht in die Wolken, sondern bog zeitig ein zu flacherem Bogen und schlug weit über das Ziel auf das feste Land. Da riefen die Brüder: „Heil Dir, König, walte lange in der lieben Heimat und lebe glücklich", und zogen in die Fremde für immer.

Denkstein vormals häufig Opfergaben gebracht, und es war Sitte, wenn man über den See fuhr, einen Silberweizen (*hõbe walget*) [(eher Silberlicht)] für den Wassergeist in die Wellen fallen zu lassen.

[29] [Anmerkung Hrsg.: Der heutige Emajõgi, der längste Fluss Estlands.]

Fünftes Abenteuer

Wie der Kalewide das Land urbar macht

Kalews Sohn saß einsam da auf dem Stein am See, manches bedenkend, er sann aber lange; dann stand er auf, warf ein Silberstück in die Flut, dem Gott zum Opfer, und schritt fürder. Er lenkte aber seine Schritte auf Taaras Hügel und schaute vom heiligen Hain des Gottes über Wierland hin, das lag in der Abendsonne ausgebreitet vor ihm, und er zählte die blinkenden Seen und übersah die Wälder von dunklen Föhren mit weißen Birken und die weiten Moräste und die blumigen Wiesen im Niederwald. Da trat ein Greis zu ihm mit einem langen weißen Bart und hehrem Angesicht, der sprach: „Der Walter dieser Lande hat starke Hand, doch deucht sie mich nicht allein für's Schwert erschaffen, schänden möchte sie nicht der Pflug, der diese Wildnis fruchtbar macht und Gräben zieht, die Moräste zu trocknen, denn raten sollen weise Könige dem Eigenvolk, dem Lande Segen abzugewinnen." Wie ihn der Kalewide nun fragte, wer er sei und woher er komme, da sprach er: „Ich war euer Freund, ehe Linda dem Birkhuhnsei entstieg, und ich fahre einher durch die Räder des Himmelswagens und durch das Morgenrot und auf der Sonnenstraße. Von daher schaut mein Auge der Menschen Tun; sah ich nicht vom Mordblut rot den Anger des Finnenschmiedes? Der das grüne Gras rot färbte, hüte sich vor seinem eignen Schwerte." Da zerfloss der Mann in Nebel, der sich auf die Wiesengründe senkte, und nun ahnte der Held, dass Gott Taara selbst mit ihm geredet hätte.

Er stieg vom Hügel hernieder und schlief auf weichem Moos vom Dickicht geborgen, am anderen Tag entbot er wiersche Männer, die halfen ihm Holz fällen und einen Pflug bereiten, den nur seine Hand regieren konnte; dann fand er einen Ackerschimmel, von dem wird gesagt, dass nicht vorher und nicht nachher ein größeres Tier in Wierland gesehen wurde. Da ging er an die Arbeit manchen Tag und brach die Heiden um und zog Furchen durch die Moräste, dass sich das Wasser in Bächen sammelte und in die Seen abfloss, davon ward das Land fruchtbar und konnte Getreide bringen.

Noch war viel zu tun; da wollte er einst rasten von saurer Arbeit, spannte das Ackerpferd aus und koppelte ihm die Vorderbeine, dann ließ er's grasen und wollte schlafen auf trockenem Hügel. Da jagte ein Bote heran, der sprach eilends: „Komm zur Küste, edler König, Kundschafter schleichen durch das Land, und an der Insel sah man Boote mit Männern, die Böses im Schilde führen, die Weisen aber deuten das auf Krieg." Dem erwiderte der Kalewide: „Noch deucht mich's nicht Not, die Arbeit zu lassen, Wierland hat Männer für fremde Räuber, sie sollen sich scharen und die Küste schirmen; wenn ihnen Not entsteht, dann erst soll mein Pflug rasten und ich will das Schwert nehmen." Sprach's und legte sich zum Schlaf.

Der Bote aber sprengte rückwärts, da kam ihm ein alter Rabe entgegen, der hackte mit dem Schnabel und witterte in die Luft, denn er roch schon Leichenfelder; und wie er waldeinwärts ritt, kam der Wolf über den Weg und schnüffelte und sah grinsend zur Seite, den gelüstete nach Erschlagenen. Und auf der Heide sah er von Ferne eine Gestalt, bleich, abgezehrt und schlotternd, das war der Hunger, und als der Mann das Haupt wegwandte, sah er die Pest schleichen, die Würgerin der Völker, die hob die Nase und witterte. Da lenkte er vom Wege in die Wildnis und wollte die Kriegsbotschaft den Männern nicht bringen, damit kein Krieg entstünde, und raunte sie murmelnd in's zitternde Schilf am Bach; da verschlang sie das Wasser, scheu flohen die Fischlein und niemand redete mehr von Krieg.

Den Kalewiden schreckte indessen ein böser Traum, und der schwere Schlaf schien ihm ein Kerker; er sah die Mutter von Ferne und konnte sie nicht erreichen, denn es lag ein blutiges Haupt im Wege, an dem er nicht vorbei durfte. Das Ross aber ging die Wiesen entlang, frei grasend, da kamen Bäre und Wölfe aus dem Dickicht und kämpften lange mit ihm, bis sie endlich das gekoppelte Tier niederrissen, nun schmausten sie gierig. Zu spät brach der Kalewide die Ketten des Schlafs, schaute sich um, nahm ein Blatt auf die Zunge und lockte mit gellendem Ton; wie das Pferd aber nicht kam, suchte er lange, endlich fand er die blutigen Knochen.

Da griff er grimmig nach seinem Schwert, lichtete die Wälder und verjagte die Bären und Wölfe, viele erlegend, seitdem zogen sie sich scheu tiefer in den stillen Wald. Wo das Ross verblutete, bildete sich ein Sumpf, aus der Mähne wurden Binsen, Haselsträucher aus dem Schweif und aus seinen Knochen Hügel.[30]

Nun ließ er den Pflug rasten, indem er meinte, des Gottes Gebot genugsam erfüllt zu haben, und wandelte einsam umher, ob er nicht irgendwo Kunde vernähme von der lieben Mutter. Gedachte er ihrer so ging er langsam und sinnend, gedachte er aber an des Waffenschmiedes Sohn, so hub er sich rascher von dannen.

---

[30] [C. Chr. Israël:] In der Nähe von Wesenberg befinden sich im Simonis´schen Kirchspiel mehrere Werst [(Längenmaß im zaristischen Russland = 1066,78 Meter)] weit Gruben in gleicher Entfernung voneinander, welche das Volk für die Hufspuren des Kalewidenrosses hält. Ein kleiner Moosmorast bei dem Dorfe Aruküla [(Alevik um Kreis Harju)] in jener Gegend soll die Stelle sein, wo die Eingeweide des Tieres verwesten. Eine Anzahl kleinerer Hügel heißt „Spuren des Kalews-Rosses“ (*Kalewi poea hobuse kontide asened*) (Krzw.).

Sechstes Abenteuer

Wie einem Wassergeist Schätze abgewonnen werden und er vom Kalewiden im Wettkampf besiegt wird

Als Kalews Sohn einst so umherzog, gesellte sich sein Vetter, der Alewide, von ungefähr zu ihm und noch andere Männer und ein wackerer Knabe. Da kamen sie auch zum Kickerpärschen Sumpfe und fanden dort zwei Söhne des Flussgottes, die rauften sich und schallten einander, und wie sie dieselben sahen, riefen sie ihnen zu, sie möchten den Streit schlichten. Da fragte der Kalewide nach dem Grund der Zwietracht, und der ältere Bruder sprach stotternd: „Um den Morast streiten wir, wem er gehören soll, wir gingen beide zu gleicher Zeit von Haus und hielten gleichen Schritt, doch kam mein Fuß einen Finger breit näher an den Sumpf zu stehen, darum bin ich Herr desselben." Des lachte Kalews Sohn und sagte, ein Sumpf sei keines Streites wert, aber er wollte ihn teilen lassen, um ihnen Frieden zu schaffen. Darauf gebot er seinem Vetter, durch Wall und Graben den Sumpf zu teilen und zog seine Straße. Der aber wollte die Arbeit mit dem Abdämmen des Flusses anfangen. Da tauchte der Kopf des Flussgeistes[31] aus wallender Flut, der zeigte ein spöttisches Gesicht und war schreckhaft anzusehen und fragte nach ihrem Beginnen. Der Alewide verbarg die Furcht und antwortete gleich einem Hartbeherztem: „Schwerlich möchtest Du hindern, dass wir den Strom gefangen nehmen und ihn andere Wege führen." Da fürchtete der Unhold für seine Behausung, die gerade an dieser Stelle in der Tiefe war und bat um Schonung, aber Alews schlauer Sohn wollte nur von dem Vorhaben absehen, wenn er ihm seinen Hut mit blanken Talern fülle. Das versprach der Geist für den anderen Morgen und tauchte in die Flut. Die Männer aber gruben in der Nacht eine tiefe Höhlung in die Erde, unten bauchig, oben nur so weit als der Deckel des Hutes. Den stieß der Alewide heraus und setzte den Hut verkehrt auf die Grube. Da

[31] [C. Chr. Israël:] Der Wasserkobold ist ein Teufel, einer der üblen Geister der Tiefe.

leuchtete der Morgen, und der Wassergeist entstieg der Flut mit einem Sack voll Talern und schüttete sie in den Hut; und da er noch nicht gefüllt war, musste er einen anderen Sack voll holen und tauchte manchmal noch keuchend unter schwerer Last empor und musste auch sein Gold schon angreifen, aber der Hut ward nicht voll. Jetzt kam der Kobold auf eine List und sagte, er wäre müde, der Alewide möchte ihm tragen helfen; doch der erwiderte schlau, er wolle lieber den Schatz hüten, und gebot dem beherzten Knaben mitzugehen. Der tauchte dem Wassermann nach und folgte ihm auf unbekannten Pfaden, da war windkalte Nacht und feuchter Nebel, denn dahinter leuchtete kein Sonnenstrahl, da ging der liebe Mond nicht auf und funkelten keine heiteren Sternenäuglein. Doch sah er endlich trüben Schein durch den Nebel, den warfen zwei Fackeln, die an den Pfosten eines weiten Tores brannten, und wie sie eintraten, umfing sie in hoher Halle die Glut des roten Goldes und das Leuchten der Edelsteine. Da saßen an einer Tafel die Kinder des Flussgottes und schlürften Met aus goldenen Bechern und hießen den Gast sitzen und boten ihm eine Schale, doch wie er trinken wollte, schlug ihm die Lohe in's Gesicht, darüber kicherten sie grinsend und boten ihm an, er möchte nun nach dem Gelage mit ihnen spielen. Ihm war das Herz bang, doch musste er mit in die weite Halle, und sie warfen ihn wie einen Ball schreiend Einer dem Anderen zu. Als er aber einmal zu Boden fiel, rief er außer Atem, er hätte nun so schön mit ihnen gespielt, jetzt möchten sie ihm auch erlauben, die Weite der Halle zu messen, damit er denen in der Oberwelt Bericht geben könne. Nun maß er mit dem Saum seines Rockes an der Wand her bis an die klaffende Tür, durch die schlüpfte er hinaus und gewann den Heimweg. Der Wächter an der Pforte rief ihm nach: „Eile rechts", das tat er zu seinem Heil, denn wie er kaum den Weg verlassen hatte, kam in Hast eine Hündin[32] daher mit zwei

[32] [C. Chr. Israël:] Die Hündin mit den zwei Jungen, die Base Sarwiks (cfr. 21 [43]) erinnert an den Hund in Hels Haus, von dem die ältere Edda singt:

Nach Nieselheim hernieder ritt er;
da kam aus Hels Haus ein Hund ihm entgegen,
blutbefleckt vorn an der Brust,
(Kiefer und Rachen klaffend zum Biss,
so ging er entgegen mit gähnendem Schlund)

Jungen, die war mit Blut befleckt, Kiefer und Rachen klafften zum Biss, und sie bellte laut, er aber duckte sich, und sie rannte vorbei. Lang war die Fahrt und finster der Weg, doch schimmerte endlich der liebe Tag, und der Knabe gewann die Oberwelt wieder.

Die Grube war leer und die Männer verschwunden, und als er sich aufmachte, sie zu suchen, gesellte sich der Flussgott zu ihm und fragte höhnend, ob ihn eine Bremse gestochen hätte, dass er so rasch entlaufen wäre, und bot ihm auch einen Wettkampf an. Der aber sagte: er wolle seine Kraft mit ihm versuchen, wenn sie einen Kampfplatz gefunden hätten. Sie kamen an den Närskaberg, der schien ihnen zur Wahlstatt passend; wie sie ihn erstiegen, begegneten sie Alews Sohn und dem Kalewiden, und als diese erfuhren, dass der Wasserkobold Lust zum Kämpfen habe, forderte ihn der der Kalewide zuvor zu einer Kraftprobe heraus. Sie wollten aber mit der Schleuder beginnen. Da suchte sich der Wassermann einen Stein, der war zackig und nicht leicht, und passte ihn in die Schleuder; heulend entflog der Felsblock weit hin, er fiel erst am sandigen Ufer des Wirzjärw[33] nieder, dort liegt er bis auf diesen Tag. Der Kalewide schleuderte den Stein viel weiter bis an den Peipusstrand, da ragt er noch aus dem Sande hervor. Nun wollte der Flussgeist noch nicht aufhören, saß nieder zur Erde und fasste den Stab waagrecht mit zwei Händen und hieß den Sohn des Kalew auch niedersitzen und sagte, sie wollten sehen, wer den Anderen aufziehen könne. Da stemmten sie die Füße gegeneinander, und der Kobold riss mit Kräften, aber der Andere blieb fest wie die Eiche im Sturm, dann erst fasste er fester den Stab und neigte sich mit Kräften rückwärts, und der Kobold vermochte nicht zu widerstehen, sondern flog auf, geschnellt wie ein Pfropf, und überschlug sich manchmal in der Luft, dann lag er besinnungslos gestreckt auf der Erde. Die Vettern aber gingen lachend von dannen und kamen zum Schatz, den der Alewide dem Geprellten abgenommen und sorgsam geborgen hatte, Blankes Silber und rotes Gold lag da genug unter dem Haselstrauch, und der Kalewssohn sprach: „Heil dir Bruder, du brauchst des Goldes nicht zu darben, sorglos naht dir das Alter, aber

dem Vater der Lieder und bellte laut.

33 [Anmerkung Hrsg.: Der See Wirzjärw wird vom Emajõgi durchflossen.]

Spenden ziemt dem reichen Manne; darum gib mir, womit ich mein Schwert bezahle dem harrenden Waffenschmied in Finnland, rotes Gold drei Schilde voll, das bringe selbst dem Meister Rußbart und dazu zwanzig Pferde, zwanzig Kühe mit Kälbern, ein Paar Schiffe, reich beladen mit Roggen und Weizen." Und Alews Sohn erwiderte: „Dem Mächtigen soll der kluge Mann zu Willen sein, und der Freund des Freundes Not für die seine nehmen, Du walte des Landes und hüte meinen Schatz, derweil ich die Schiffe nach Finnland lenke." So sprach er und sonderte das Gold und ging, der Kalewide aber barg den Schatz acht Klaftern tief unter der Erde und verwahrte ihn mit einem Felsen.

Siebentes Abenteuer

Wie der Kalewide den Ring der Wetterjungfrau aus dem Brunnen holt

Dann ruhte der Mann und lag ausgestreckt im grünen Gras und bedachte manches, was der Berater des Volkes erwägen soll. Da kam ihm in den Sinn, vier Städte zu bauen zu Schutz und Schirm für die Greise und Weiber und Kinder, denn er fürchtete, dass Alews Sohn den Finnenschmied nicht versöhnen werde, und dass dieser einst käme mit großer Mannschaft, seinen Sohn zu rächen. Auf Vater Kalews Totenhügel sollte die eine gegründet werden, am Embach die andre auf Taaras Hügel, im Jaanschen Moore die dritte und die letzte in Allentaken[34]. Und er ging tiefer in den Wald dem Peipus zu, Holz zu fällen für Häuser. Da erschaute er auf einmal eine wunderschöne Maid, die sprang durch die Waldblumen und war ihm eine Augenweide, darum stand er und sah; ihre Arme waren glänzender und der Nakken weißer als leuchtender Schnee, das flatternde Haar sonnenglänzend und die wilden Augen blau wie der Himmel. Es war eine Wetterjungfrau, des Donnergottes Tochter, die schweifte gaukelnd umher in der blumigen Wildnis, bis sie durch die Spuren der Rinderherde zu einem Brunnen geführt wurde; da blieb sie stehen und wollte des Wassers kosten. Sie zog am Brunnenschwengel und haschte nach dem Silbereimer aber der schlanke Sohn der Echo erschreckte sie plötzlich; sie zuckte mit der Hand und ließ den Ring in's Wasser fallen; dann klagte sie, und nun trat der Kalewide hervor und fragte sie: „Warum weinst du, lockiges Mädchen, Tränen bleichen deine Wangen." Ihm erwiderte sie: „Sollte ich nicht weinen, den roten Ring verschlang mir die Tiefe, ungern miss ich das Kleinod; wer aber so kühn ist, mit mir zu reden, der sei auch kühn, in den Brunnen zu tauchen." Da atmete tief der Meerdurchschwimmer, es hob sich die breite Brust und er tauchte nieder in die wallende Flut und sank hundert Klafter tief, tückische Kobolde aber, die unsichtbar um den Brunnen standen, raunten sich schadenfroh in's Ohr, ein Jeder dem Nächsten: „Nun ist

[34] [Anmerkung Hrsg.: Alutaguse im Kreis Ida-Viru.]

er gefangen wie der Bär in der Grube", und wälzten ihm mit Kräften einen Mühlstein nach, der ihn zerschmettern sollte. Aber sie staunten, als nach langer Zeit der Kalewide sich wieder aus dem Wasser hob, den Mühlstein am Finger. Dann fragte er: „Ist dies der Ring, den du verloren hast, schöne Jungfrau? Größeres fand ich nicht im Schlamm." So entging er auch dieser übeln Geister Gewalt, das aber magst du glauben, dass kein andrer Sterblicher, wie nun die Menschen sind, dem Brunnen wieder entstiegen wäre.[35]

[35] [C. Chr. Israël:] Schott sagt: Das Abenteuer mit der Wetterjungfrau steht mit nichts was vorangeht oder nachfolgt im Zusammenhang. Aber der innere Zusammenhang aller dieser Abenteuer ist eben der, dass Kalewipoeg von den bösen Geistern verfolgt wird, ihnen aber widersteht. Entweder ist die Wetterjungfrau selbst die Anstifterin dieses tückischen Anschlages (wie dergleichen auch die homerischen Götter verüben), oder er kommt nur auf Rechnung der bösen Kobolde in ihrer Begleitung.

Achtes Abenteuer

Der Zauberer entwendet dem Kalewiden das Schwert

Der Kalewide stellte nun seinen Sinn nach Pleskau und gewann dort von einem Manne, der ein Künstler war, eine große Ladung von Baubrettern, die trug er an den Strand des Peipus, mehr als die Ladung dreier Schiffe. Er ließ forschend seine Blicke über die stille Fläche des Sees schweifen, ob er kein Lastschiff entdeckte, aber es war da keines zu sehen. Da stieg er in's Wasser, um den See zu durchwaten und die Bretter auf dem Rücken hinüber zu schaffen. Die Flut fing an zu wallen und netzte ihn bis an die Lenden, die Fische flohen, die Taucher sanken zum Grunde, und die Enten bargen sich im Schilf. Am Strand aber schaute durch dichtes Gebüsch der Zauberer vom Peipussee. Der war borstig behaart am ganzen Leibe und glich einem Bären mit erhobenen Vordertatzen, sein Mund war wie ein Eberrüssel, und seine Augen waren schmal geschlitzt. Dieser Unhold war von großer Macht und sehr zauberkundig, er entdeckte den Dieb mit dem Siebe und zeigte sein Bild im Branntweinsglase, kannte tausend Murmelsprüche für alle Übel, die er dem Einen abnahm, um sie dem Anderen anzuheften, heilte die Verrenkung durch den roten Faden, besprach das Blut und den Schlangenbiss, schlich dem Bösen unter dem Moose nach, und wenn du noch weiter fragst, was er alles konnte, so weiß ich nicht, wie du dazu kommst, da dir noch keiner genauere Kunde von ihm gebracht hat. Doch das Eine noch sage ich, in welchem er der Mächtigste war, er hatte das Wasser in seiner Gewalt, denn er verstand den Sturm aus jeder Richtung zu locken. Der nun kauerte im Erlengebüsch, und wie er den Kalewiden erschaute, blies er auf das Wasser und murmelte kräftige Worte. Da ward die See unruhig und gebärdete sich wilder und wilder, und die Wellen brandeten am großen Kalewssohn, der aber merkte, dass der Sturm nicht von ohngefähr kam, schalt den See eine böse Pfütze, zog sein blitzendes Schwert und schaute zur Seite nach der Richtung hin, von welcher der Wind kam, da erschrak der Zauberer und schlich auf den Zehen leise in den finstern Wald, und die See beruhigte sich, der Kalewide aber kam an's andre Ufer und legte die Last ab und löste den Schwertgürtel, um zu rasten. Von der schweren Fracht ermüdet und matt vom Kampf mit den Wellen, legte er sich nieder ins fette Gras, eine Strecke vom Ufer, das Angesicht nach Osten, damit ihn das Frührot erwecke; das Schwert legte er hart neben sich und sank in süßen labenden Schlummer. Bald dröhnte sein Atem so laut, wie wenn der Donnerer von Ferne grollt; und das drang bis in das Versteck des Zauberers. Er wagte sich hervor, jedoch nur schüchtern, und erspähte, hinter einem Strauche hockend, den Schläfer. Alsbald kroch er auf allen Vieren heran, geräuschlos wie mit Katzenpfötchen bis an den Kalewiden und streckte die Krallen nach dem Schwerte aus, das aber war ihm zu schwer, es blieb fest liegen, als wäre es angewachsen an der Seite seines Herrn. Da wollte er es durch Zauber heben, beschrieb geheime Zeichen, murmelte alle Hebewörter, aber vergeblich; auch der Kniefall vor dem Monde und der Flehblick nach dem Himmelsnagel wollten nicht helfen. Jetzt gebrauchte er den stärksten Zauber, bestreute das Schwert mit dem Laub der Eberesche und mit Thymian, Boviststaub und Bärlapp, räucherte mit Nägelschnitzeln und murmelte sieben Formeln, die niemand mehr weiß. Da bewegte sich das Schwert, und er hob's am Knaufe auf und schleifte es ächzend von dannen, wie er aber über den Käpabach setzen wollte, sandte die weißarmige Wasserjungfrau dem Schwerte einen flehenden Blick zu, und es entfiel dem Zauberer die schwere Waffe und lag da im Grunde. Von da vermochte sie kein Zauber zu heben, und der Unhold entwich, als das Morgenrot leuchtete.

Nun erwachte Kalews Sohn, und Harm befiel sein Herz, als er sein wunderscharfes Schwert nicht fand. Wie er aber eine Furche im Grase sah, ging er der Spur nach bis zum Käpabache, da blickte ihm der liebe Kampfgenosse aus dem Wasser entgegen; und hier ist ein Wunder zu sagen, dass sich nur dies eine Mal begeben hat, seit Leute auf Erden sind, dass das Schwert klangreiche Stimme erhob.

Es ließ sich also vernehmen:

Es brach den Zauber die blendenweiße
flehende Nixe, die feuchte,
von Augenweide wendet sich ungern,

der Liebes sieht und Süßes.

Darum wird missen der Männer mordende
Schwertschnelle das scharfe Schwert.
Nie wird nagender Harm mich lassen,
seit ich erblindete vom Blut des Knaben.

Hinter der Toten Gittertor
ruft er klagend nach Rache –
Geringelte Natter im Grase scheue,
den Biss des Schwertes im Silberbach.

Als der Kalewide erfuhr, dass sein Schwert sich von ihm trennen wolle, nahm er Abschied von ihm mit bewegtem Herzen für immer und sagte auch:

„Steigt der, der dich trug,
einst in tiefe Flut,
dann, teures Schwert,
durchschneide dem Räuber
die Fersen.“[36]

36 [C. Chr. Israël:] Der Fluch ist doppelsinnig; der Held bezieht ihn auf den Zauberer, ihn Wahrheit aber trifft er ihn selbst. Er muss sich selbst den Untergang bereiten, da alle bösen Zaubermächte nichts gegen ihn vermögen.

Neuntes Abenteuer

Der Kampf mit des Zauberers Söhnen

Nun verließ der Held den Käpabach, eilte an den See zurück und holte die Bretterladung, um sie in die Heimat zu tragen. Schon war er durch den Tannenwald und den Laubwald gebrochen, nicht ohne Mühe, und war eben in den Haselwald getreten, da bemerkte er einen kleinen Mann am Boden, der bat zitternd und mit den Zähnen klappernd, er möchte ihm doch eine Zuflucht gewähren vor den Unholden des Waldes und erzählte ihm also: „Gestern verirrte ich mich im Walde und kam in ein Gehöfte mit weitem Saal, der war mit Stroh bestreut; da kochte ein altes Mütterchen in einem Kessel das Abendessen, reichlich für fünfzig Mann, und die Alte gab mir eine Mahlzeit, dann aber riet sie mir, mich unter dem Stroh zu verbergen, „denn meine Söhne würden dich übel begrüßen." In Angst kroch ich unter und war kaum geborgen, da kamen zwei mit Getose an, und der Saal dröhnte von ihren Tritten, die witterten gleich einen Fremden, die Mutter aber setzte ihnen alsbald den Kessel vor, da schlangen sie gierig und aßen aus, und legten sich gegenüber an die langen Wände des Saales, denn die beiden anderen wären zu kurz gewesen. Die Alte bestieg mit der Leiter den Ofen und hatte da ihre Ruhestatt, ich aber regte mich nicht und hielt den Atem an, wie es ganz still wurde. Bald jedoch schnarchten sie und schnauften gewaltig, da fühlte ich mich sicherer, doch jetzt kam mir ein neues Unglück, denn ihr Atem wurde wie der Sturmwind und wirbelte die Halme auf. Da konnte ich mich nicht mehr halten und ward geschleudert wie ein Weberschifflein hin und her, von einem Schläfer zum andern, und sicherlich wäre ich gleich umgekommen, wenn nicht der Boden mit Stroh bestreut war; aber auch so wäre ich zu Tode geschüttelt worden, da wälzte der eine sich gegen die Wand und der andere legte sich auf den Rücken. Das war mir zum Heil, und ich stahl mich bis an die Tür und entschlüpfte durch's Katzenloch und barg mich hier, bis du kamst."

So sprach das Männlein; den Kalewiden aber deuchte es hier nicht geheuer, darum barg er zum Schutze das Männlein im Ranzen und brach sich eine Fichte ab zur Keule und schritt dann seines Weges in der Dämmerung des Waldes. Plötzlich brachen die beiden Söhne des Zauberers von hinten aus dem Dickicht hervor wie grimmige Bären, die meinten, sie könnten den Wehrlosen zwingen, und schlugen mit langen Peitschen, an deren Enden Mühlsteine angebunden waren, auf ihn los. Mit der Linken hielt er die Bretterlast, mit der Rechten schwang er die Fichte, aber sie zersprang in Späne, und nun griff er zu den Brettern, doch mehr als einen Hieb hielt keins aus, da er mit der breiten Seite schlug. Auch trafen solche Streiche nicht hart genug, und die Unholde schufen ihm große Not. Da rief ein Stimmlein aus dem Gebüsch: „Mit der Kante! Mit der Kante!" Das befolgte der Kalewide, und nun wurden die Schläge so wuchtig, dass des Zauberers Söhne mit Wolfsgeheul flohen.

Als er sich niedersetzte, um einen Imbiss zu nehmen, der ihm im Ranzen war, fand er das Männlein tot und beklagte den kleinen Freund und verscharrte ihn und pflanzte Blaubeeren um sein Grab. Er gedachte aber auch des Andern im Gebüsche und rief ihn hervor, der jedoch wollte nicht kommen, weil er nackt war. Wie ihn aber der Kalewide bat, raschelte er im Laube heran, und der Held riss ihm ein Stückchen von seinem Pelze ab zum Dank, das zog er über den Rükken, und so erhielt der Igel sein dornbesetztes Röckchen als Decke und Schutz. Es war ihm aber zu knapp, und daher sagt man, habe der Igel gelernt, sich zu kugeln, um sich ganz zu bedecken.[37]

---

37 [C. Chr. Israël:] Als Ort dieses Kampfes wird das Gebiet des Gutes Tarrastser genannt.

Zehntes Abenteuer

Der Zauberschlaf

Kalews Sohn erkor sich nun einen sicheren Ort zum Nachtlager; er errichtet sich von Steinen und Sand einen trockenen Hügel im Sumpf, da streckte er sich nieder und schlief ein. Aber schon lange hatte der Zauberer Acht auf ihn gehabt und ihn umschlichen wie eine Katze, jetzt nahte er mit leisem Tritt und kroch in Kraft des Zaubers über den Sumpf und versteckte zu Häupten des Helden ein seltsames Bündelchen, das war ein Hexenknäuel, in den er Schlummerkraut und Ohnmachtsblätter gebunden und kräftige Worte gemurmelt hatte. Darauf floh der Windekundige eilends, den Kalewiden aber umschlang unzerreißbare Fessel des Schlafes. Ob er gleich das Angesicht nach Osten gekehrt hatte, das Frührot weckte ihn nicht, noch der Morgengesang der Waldvögel, die Sonne stieg und sank, die heiteren Sternenäuglein funkelten über ihm und schlossen sich wieder, und die Wolken zogen über ihn und beträufelten ihn, und die Sonne trocknete ihm die Kleider, das Mondhorn füllte sich und schwand, das Volk feierte aber schon das Jubelfest auf Taaras Hügel.

Und sie kamen aus Wierland und der Wiek[38], aus Jerwen[39] und aus Harrien[40] und wurden immer mehr, denn von allen Seiten kamen sie zu Ross und Wagen und viele auch zu Schiff auf dem Embach. Da fanden sich auch ein der Sohn des Olew, der bauverständige Meister, und der Alewide, der eben zurück kam von seiner Finnenfahrt. Der nun trat auf einen Hügel und rief den Leuten zu, sie sollten auf seine Worte merken; da sammelten sie sich dichtgeschart um des Königs Vetter und wurden still, als er winkte. Da sprach er, der Worte kundig: „Ihr Männer aus Wierland und der Wiek, aus Jerwen und aus

---

[38] [Anmerkung Hrsg.: Alter deutscher Name für den Landkreis Lääne im Westen Estlands.]

[39] [Anmerkung Hrsg.: Der Landkreis Järva liegt in der Mitte Estlands.]

[40][Anmerkung Hrsg.: Der Landkreis Harju liegt im Norden Estlands.]

Harrien, alle sehe ich hier, doch miss ich den Besten der Männer, der mit Macht und milder Gabe auf dem Hochsitz dieser Lande waltet. So frage ich nun, wer Kunde vernahm, wo der edle König, Kalews starker Sohn geblieben ist, denn wir bedürfen seines starken Armes zu Schutz und Schirm, wenn sich der Streit erhebt, den uns die Feinde aus Finnland drohen oder die Eisenmänner von Abend her." Aber niemand hatte Kunde von dem König. Da sprach der Alewide weiter: „So mögen nun Männer gehen nach allen Seiten, und Taara lenke ihre Schritte, dass sie nach ihm forschen, ob er heimlich erschlagen ward oder ihn irgendwo ein böser Zauber fesselt. Uns aber gebührt es, unterdessen nicht müßig zu sein, wir wollen eine Stadt erbauen, die im Kriege Zuflucht gewähre für Weiber und Kinder und die alten Väter, die das Schwert nicht mehr führen können. Dazu hat uns ein Gott den Olewipoeg, den kundigen Baumeister, hierher gesandt, den vielgewanderten Mann, der soll uns den Ort aussuchen und den Bau leiten." Dieser klugen Rede stimmten alle Edlen zu, und die kühnsten und weisesten Männer gingen aus und suchten den Kalewiden allerwärts, an seine Schlafstelle aber, die mit Schilf umwachsen war, kam keiner. In diese öde Gegend trieb zuweilen nur ein Hirtenknabe, der hier sang, weil ihn da niemand hörte. Er sang aber nur ein Lied, das hub also an:

O ich vaterloser Knabe,
o ich mutterloser Kleiner!
Jeder rufet, der mich ansieht,
schlagt ihn, er hat keinen Vater,
schlagt ihn, er hat keine Mutter,
schlagt ihn, niemand wird ihm helfen!
Wein ich doch schon ohne Schläge,
wenn mich Regen trifft und Hagel,
und es mag mich niemand trocknen.
Trägt man aus der Tür die Mutter,
flieht die Liebe aus dem Fenster,
wird die Tote weggebracht,
irrt die Liebe längs dem Zaune;
wird der Mutter Grab gegraben,
weilt die Liebe noch dabei,

wird die Mutter eingesenkt,
sinkt sie mit ins Grab hinunter.

So sang er oftmals, da kam er nicht mehr, denn der Reif fiel schon auf die Blätter und das Vieh blieb im Stalle, und jetzt wäre der Kalewide im Frost umgekommen, da sprengte ein Traum die Zauberbande des Schlafes. Der Traum aber war also: Es deuchte ihn, er wäre in dem Berge, in welchem Ilmarinens[41] Schüler ihre Werkstatt hatten; sie schmiedeten ein herrliches Schwert für ihn, und sieben schwangen die Hämmer. Da trat ein schwarzgelockter Jüngling herein, der hatte bleiche Wangen, und vertrocknetes Blut war ihm um den Hals und auf der Brust, der sprach: „Was verschwendet ihr Stahl, einen Mörder zu waffnen, der den Gesippten erschlug; mit dem eigenen Schwert, das ich sorgsam gewetzt, traf mich der Räuber, das zahlte er als Kaufpreis." Da ergrimmte der Kalewide und rief zornig „Lügner" – und es war ihm, als wälzte er eine schwere Last von sich. So brach er den Zauber.

Dann ging er von dannen über Sumpf und Moor eine Strecke in den öden Wald und setzte sich nieder unter hoher Birke. Da waren sieben Elstern, und Elster sprach zur Elster: „Ich weiß etwas, da sitzt der Mann in guter Ruh, derweil ihn sorgenvoll die Mannen suchen"; und die Andere erwiderte: „Er weiß nicht, wie lange er verzaubert schlief, sonst würde er flugs in die Heimat eilen". Die Dritte sprach: „Gold würde er in Sarwiks Behausung finden, genug der roten Ringe und Silberlast zu schwer für seine Schultern"; die Vierte fügte hinzu: „Er hat vergeblich gesucht die Mutter, der Tor, wäre er klug, so ginge er bis zum Weltende." Die Fünfte sprach: „Die Nordscheingeister an der Funkeninsel würden ihm das Schiff verbrennen, die leckende Lohe die Mannschaft sengen." Die Sechste sprach: „Klug deuchte mich der Mann, wenn er ein silbernes Fahrzeug bestiege." Die Siebente aber

---

41 [C. Chr. Israël:] Ilmarinen, der Vulkanus [(Der römische Gott des Feuers und der Schmiedekunst; Anm. d. Hrsg.)] der Esten. In der Mitte des Erdkreises erhebt sich ein bis zur mittleren Wolkenhöhe ragender Berg, der die Werkstatt Ilmarinens und seiner Gesellen überwölbt (Schott).

fügte hinzu: „Noch klüger, wenn er den Zauber des Waffenschmieds miede."

Nun eilte der Kalewide sonder Rast in seine Heimat; und als er in die Hofpforte trat, gedachte er an Mutter Linda, und Gram befiel sein Herz. Sinnend saß er auf dem Steine vor dem öden Haus, da kam ein Mann und redete zu ihm: „Allzulange schon bist Du abwesend, zur guten Stunde treffe ich dich, ich bin Olews Sohn, der Erbauer der Städte und habe einen Platz gesucht, wo ich die feste Stadt für dein Volk errichten will und das Schloss für den König." Die Rede erfreuten den Kalewiden, und er sagte: „Nun säume nicht, Olews kluger Sohn, komm' und zeige mir den erkorenen Platz." Da gingen sie hin, und der Olewide streute Spänlein auf einen Ameisenhaufen und rief den Ucko[42] an, da trugen die Tierlein die Späne umher und zeigten den Platz für die Stadt. Dann sagte der Baumeister: „Ich will messen und den Bauplatz bereiten, du aber enthebe Steine der Erde und trage das Bauholz vom Peipus her, das vermagst du allein vor den Unholden des Waldes." Da brach der Kalewide Steine aus der Erde und trug sie herzu und ging von Neuem nach dem Peipus hin und brachte eine große Last gehauenes Bauholz. Und er begab sich zum anderen Mal auf die Fahrt; derweil mauerte Olewipoeg und maß mit der Schnur und richtete Säulen, da sah man bald alle Steine und alles Bauholz zu Häusern gefügt, und der kundige Meister harrte auf neue Balken, er wartete lange.

[42] [Anmerkung Hrsg.: Ucko, auch Uku, ist ein Name des höchsten estnischen Gottes Taara.]

Elftes Abenteuer

Die erste Fahrt in die Unterwelt

Kalews Sohn trug schon zum zweiten Mal eine Bretterlast heimwärts, da sah er fern über den düsteren Wald schwarzen Rauch aufsteigen zum Himmel. Dem ging er nach und kam zu einem starken Feuer, das brannte am Eingang einer großen Höhle, und hing da ein Kessel in der Lohe; dahinter aber hockten drei Männer und nährten das Feuer, die waren schwarz und rußig und schrecklich anzusehen, rau war ihnen das Fell an den Händen, die Finger feist und fratzig das Antlitz, der Rücken krumm. Er fragte sie, was sie da kochten, sie aber sagten grinsend: „Wir kochen Bärenleber und Wolfsfett für den Sarwik". Da gedachte er daran, was ihm die Elster gesagt hatte, da sie sprach: „Gold würde er in Sarwiks Behausung finden, genug der roten Ringe und Silberlast zu schwer für seine Schultern." Darum redete er weiter: „Eure ekle Speise begehre ich nicht, ihr Sudelköche, doch lüstet mich, Sarwiks[43] Haus zu schauen." Da rieten sie ihm höhnisch, er möchte

---

[43] [C. Chr. Israël:] Sarwik d. i. der Gehörnte, der Herrscher über die Unterwelt [bei den Finnen Tuoni, Todesgott] und der Inhaber der Schätze der Tiefe; er er-scheint als eigentlich böse Gottheit, als das Haupt aller Dämonen. Auch hier fin-den wir also die allen Völkern gemeinsame Ahnung, dass über dem Golde der Tiefe, über den funkelnden Schätzen der Erbnacht der Teufel sitze als Hüter (cfr, Vilmar, Moral I, 276). Freilich tritt bei den Esten die andere, besonders in der deutschen Sage (Nibelungenhort) ausgebildete, Vorstellung zurück, dass, wer die Schätze dem bösen Geist entwinde, selbst Teil bekomme an der Finsternis des Abgrundes, wenn es auch auf der anderen Seite den Esten nicht an der *auri sacra fames* fehlt [(d. i. der verfluchte Hunger nach Gold; Anm. d. Hrsg.)].
Die Nachdichtung des alten Liedes wie sie uns in dem kreutzwaldschen Werke vorliegt, lässt den Kalewiden nur als neugierigen Abenteurer in den Orkus hinabsteigen und nicht wie andere Sagenhelden, die einen bedeutenden Zweck damit verbinden. Ein solches Unternehmen kann aber nicht aus bloßer

nur eintreten, „doch hüte dich, dass dir's nicht geht, wie der Maus in der Falle." Er schritt aber mutig in die Höhle; da schwand ihm der Glanz des lieben Tages, und neblichste Finsternis umfing ihn, er tastete sich weiter in der Dunkelheit auf dem feuchten Wege. Aber die Höhle wurde enger und enger, dass er auf dem Bauche kriechen musste. Doch auf einmal sah er matten Schimmer, und die Höhle erweiterte sich immer mehr und wurde mächtig groß und hoch, und wo sie am Höchsten war, hing an eiserner Kette eine brennende Ampel. Da war auch ein gewaltiges Tor, fest verschlossen, zu beiden Seiten aber standen räumige Gefäße, die waren gefüllt, das eine mit milchweißem, das andere mit pechschwarzem Trank. Jetzt stand er und lauschte, da hörte er eine Spindel schnurren, und die Spinnerin sang, das lautete also:

Manchen Winter mit den Schwestern,
sitz ich in der tiefen Öde,
goldne Fäden von dem Rocken[44]
um die Silberspindel drehend.
Rotes Gold und blankes Silber
liegt genug in Sarwiks Reiche,
doch kein Strahl der goldnen Sonne
dringt in dieses dunkle Land,
nimmer glänzt des Mondes Silber
und die heitern Sternenaugen.
O wie ist die Zeit so ferne,
da wir auf der blum'gen Wiese,
Flatterbänder in den Haaren,
tanzten in der Luft der Jugend,
da im Erlenhain ertönte
süßer Sang der Nachtigall,
Frühlingswind im Walde rauschte,
wie der See die Saaten wallten.

Neugier gemacht werden, hier hat ohne Zweifel das Urlied starke Motive; sie liegen nicht fern, der Held sucht seine Mutter, strebt nach Gold und Silber.

[44] [Anmerkung Hrsg.: Der Rocken bzw. Spinnrocken ist ein Teil des Spinnrades, auf welches das zu verspinnende Material gewickelt wird.]

Jetzt verdrängt der Schmerz die Freud',
bleicht die Rosen unsrer Wangen;
ewig an dem Rocken sitzend
welken wir im Gram dahin
und verkümmern still und einsam.
Darben müssen wir der Blicke
und den holden Gruß entbehren;
käme doch ein hartbeherzter
Jüngling, der das Tor zersprengte
und den Bann des Zaubers löste.

Darauf sang auch der Kalewide mit sanfter Stimme:

Sah ich nicht im wilden Walde,
jagend Auerochs und Bären,
Mägdlein durch die Blumen springen,
selbst wie wilde Waldesblumen;
schwanden in das grüne Dickicht.
Lange zog ich durch die Wälder,
ob ich sie noch einmal schaute,
nun geschiehet, was ich hoffte,
wenn du mir das Tor erschließest.

Die Spinnerin aber rief ihm zu, er wäre zu günstiger Zeit gekommen, denn Sarwik wäre nicht zu Hause, er möchte die Hand in das schwarze Wasser tauchen. Davon gewann er solche Kräfte, dass er das Tor mit Krachen zersprengte. Da sah er die Jungfrau im Schleier sitzen, ein Geschmeid an der Brust, ihre Arme waren glänzender und lichter der Nacken als leuchtender Schnee. Wie sie aber den großen Mann erschaute, fürchtete sie, verloren zu sein wegen der Zauberkraft, wenn er sie anrührte, darum sprang sie fliehend ins andere Zimmer, es wallte die Schleppe am blauen Gewand; sie nahm schnell einen Hut von der Wand, der war aus Menschennägeln[45] gemacht, setzte ihn auf das Haupt und sprach:

Wachse, wachse goldnes Mägdlein,
dehn dich, dehn dich blondes Kind!
Werde gleich dem Kalewssohne,
deinem Freund an Länge gleich!

Alsbald wuchs sie riesengroß. Der Kalewide aber nahm ihr den Hut, setzte ihn auf und sprach:

Senk dich, senk dich lieber Bruder,
schrumpfe ein du starker Mann!

Da ward er klein wie ein andrer Mensch, die Riesin aber nahm ihm den Hut und machte ihn sich wieder gleich. Den Hut behielt er, um sich wieder groß zu machen und zu stärken, wenn sich etwa ein Kampf mit dem Sarwik erhübe. Die Jungfrau aber rief ihren Schwestern, von denen die Eine Silber putzte, die andere aber Gänse hütete auf dem Anger, und sie freuten sich einen Menschen zu sehen und scherzten und spielten mit ihm.

Der nun begehrte Sarwiks Behausung zu beschauen, und sie führten den Gast durch ein eisernes Tor in eine hohe Halle. Da war alles von Eisen und Stahl, die Säulen und der Boden und alle Wände, auch Tische und Bänke. Von da kamen sie in die kupferne Halle, die war ganz von Kupfer, und gelangten durch's Kupfertor in die Silberhalle und war da alles von Silber, das glänzte und gleißte, auch standen silberne Truhen umher, die waren mit lauter Talern gefüllt. Nun

---

45 [C. Chr. Israël:] Der Hut aus Menschennägeln, Schnitzel- oder Wünschelhut, erinnert an das Schiff Naglsar in der Edda, welches auch aus Menschennägeln verfertigt ist (jüngere Edda). Noch jetzt herrscht im Werroschen der Gebrauch, dass man nach dem Beschneiden der Nägel an Fingern und Zehen mit dem Messer ein Kreuz über die Abschnitzel zieht, ehe man sie wegwirft, sonst soll sich der Teufel Mützenschirme daraus machen (cfr. die trefflichen Estnischen Märchen von Kreutzwald, übersetzt von F. Löwe, Halle, Waisenhaus 1869 (p. 144).

ging es aber in eine goldene Halle, hier war es so prächtig, dass sie vor Verwunderung kein Wort sprachen. Da stand das goldene Bett Sarwiks, wo er zu schlafen pflegte, und alle Stühle und Tische waren von Gold. Vor dem Bette standen auf einer Tafel zwei Becher, der eine zur Rechten, der andere zur Linken, die waren gefüllt mit gleichem Trank, dem Aussehen nach, in Wahrheit aber war es zweierlei Saft, denn der zur Rechten erhöhte die Kraft um's Zehnfache, der zur Linken verminderte sie. Es lag hier des leuchtenden Goldes genug, es funkelten die roten Ringe in den Truhen; da gedachte der Kalewide wieder an das Wort der Elster, da sie sprach: „Gold würde er finden in Sarwiks Behausung, genug der roten Ringe und Silberlast zu schwer für seine Schultern."

Er begehrte nun alles zu wissen von Sarwik, und die älteste Schwester sprach: „Manches will ich Dir von ihm künden, was sonst noch Keiner vernahm, doch das Eine erfuhr ich nicht, wer Vater oder Mutter des starken Gehörnten sei, ob ein Bär ihn gezeugt oder eine Wölfin ihn geboren hat. Oft fährt er von dannen, dann dröhnt die Erde, niemand darf ihm folgen, wohin er zieht in diesen dunklen Tälern; er hat eine große Wohnstätte und Gewalt über sieben Welten, um den Toten, die er beherrscht, Wohnungen anzuweisen tief in der Erde hinter hohem Gehege. Gar groß ist sein Volk und wird streng regiert. Nur einmal im Jahre, zur Seelenzeit[46], dürfen sie neun Tage auf die

---

46 [C. Chr. Israël:] Die Seelenzeit begann mit der Wintersonnenwende und dauerte neun Tage. Speisen und Getränke wurden für die während dieser Zeit auf die Oberwelt zurückkehrenden Abgeschiedenen hingesetzt. Diese Sitte beschränkte sich aber nicht auf die Esten allein, sondern war ebenso unter Litauern und Letten. Der polnische Dichter Mickiewicz [(Adam Bernhard Mickiewiecz 1798–1855; Anm. d. Hg.] sagte in einer Vorbemerkung zu seinem großartigen, fantastischen Drama Dziady (Seelenfest), diese Feier werde noch jetzt in vielen Gegenden Litauens, Ostpreußens und Kurlands unter dem Volke begangen. Heutzutage feiert das Volk seine Vorältern heimlich in Kapellen oder unbewohnten Häusern unweit der Gottesäcker. Allerlei Speisen und Getränke werden aufgetragen, und die Seelen der Verstorbenen angerufen. Die noch vorhandenen Reste dieses Ahnencultus sind mit christlichen Vorstellungen verschmolzen. Das Allerseelenfest fällt ungefähr in die Zeit dieser

Oberwelt, dahin wo sie bei Leibes Leben wallten in Lieb' und Leid, dann, sagt man, ziehen gar große bleiche Scharen still durch das Totentor." Da fragte der Kalewide: „Wo aber befindet sich das Tor, durch welches sie ein- und ausgehen?" Sie antwortete: „Davon ist zu sagen, dass es an der Welt Ende ist, an der Abendseite der Funkeninsel." Da gedachte der Kalewide an den Bericht der Elster: dass er Mutter Linda suchen sollte am Ende der Welt. Er wollte aber noch mehr hören und fragte: „Wie kamt ihr, goldene Jungfrauen, in die Gewalt des Finsteren, nicht leichenfarben sind Eure Wangen, wer führte euch ins schattige Land?" Da sprach die zweite: „Wir spielten im Walde auf blumiger Wiese, da raubten uns finstere Gesellen und trugen uns in die diese Öde, seitdem beschien uns nicht der liebe Sonnenstrahl. So sind wir nun dienstbar dem schrecklichen Sarwik und spinnen Gold und halten blank die weiten Säle hier, schon lange verzaubert; keiner aber entkommt aus Sarwiks Haus, doch tat Ucko den Ausspruch, dass wir nie altern sollten, solange wir unsere Jungfrauenehre bewahrten."

Da sprach die Dritte: „Doch was ist ewige Jugend hier in der traurigen Öde, glücklicher leben die sterblichen Frauen droben im lichten Tag. Du allein könntest uns erlösen mit dem Schnitzelhut und der Wunschrute dort an der Wand. Aber eile, bevor Sarwik heimkehrt, sonst bist auch du ewig in seiner Gewalt."

Da lachte er und sagte: „Kalews Sohn hat starken Arm, der wird euch befreien; der die Höllengeister in Finnland erschlug, den wird auch der Fürst der Toten heil von hinnen ziehen lassen, missen soll er viel des roten Goldes und der Schätze." Da dröhnte das Haus von den Tritten Sarwiks, und die Mägdlein erbebten, die Älteste aber, fürchtend für den mutigen Mann, vertauschte die Becher vor dem Bette des Gehörnten.

Der nun trat herein, und wie er den Kalewiden erschaute, der noch klein von Aussehen war durch den Zauber des Nägelhutes, aber nicht schwächer, rief er höhnend: „Was ist Winziges da in mein Haus gekommen, das Mäuslein ist in der Falle." Der Kalewide aber erwi-

---

Feier, und das Volk glaubt mit Speisen, Getränken und Liedern den Seelen Fegefeuer Linderung ihrer Qual zu verschaffen (vgl. Schott w. o. p. 472).

derte: „Wie bist du so bleich um die Nase, Gesell, als hättest du unter Leichen gelegen, lange verzogst du, sonst hättest du längst zu fechten gefunden, von dir ziehe ich heil aus dem Kampfe!“ Da ergrimmte Sarwik und rief: „Alle Gebeine zermalm' ich dir, freche Krähe, und lähme dir alle Gelenke.“ Kalews Sohn aber sprach: „Genug sind der prahlenden Worte, Zeit ist's zum Ringkampf, dass wir die Kräfte erproben.“

Das war Sarwik zufrieden, doch schlürfte er zuvor aus dem Becher zur Rechten vor seinem Bette, um die Kraft zu erhöhen, der Tor dachte nicht, dass er den schwächenden Trank ergriff. Der ältesten Schwester aber befahl er, eine Stahlkette aus der eisernen Halle zu holen. Die gehorchte zitternd. Dann gingen sie hinaus in den Hof. Da fassten sich die Männer mit Kräften, und wie sie zu ringen begangen und mit den Füßen zu stampfen, wankten die Säulen in der hohen Halle, die Felsen krachten, und die alte Erde fuhr ächzend zusammen, aber keiner übermochte den Andern. Jetzt ruhten die Kämpen einen Augenblick und verschnauften den Atem, der Kalewide aber setzte schnell den Nägelhut auf und sprach:

Wachse, wachse, Sohn des Kalew,
dehn dich, dehn dich, starker Mann.

Da wuchs er klafterweise in die Höhe, packte den Sarwik und hob ihn hoch und stampfte ihn nieder zur Erde. Das erste Mal, dass er bis an die Knöchel einsank, das andre Mal, dass er bis an die Knie in den Kiesgrund fuhr, beim dritten Stoß fuhr er bis an die Lenden hinein, und jetzt langte der Kalewssohn nach der Eisenkette, Sarwik aber schrumpfte zusammen und verschwand in der Erde. Spottend rief ihm der Kalewide nach: „Wohin entwischte mir das Mäuslein? Er verschwand wie eine Eidechse im Laub, wenn sie Tritte hört. Doch finde ich ihn zum andern Mal, so hält ihn in Haft die eiserne Kette. Jetzt aber ihr Jungfrauen, rüstet euch zur Heimfahrt, nun wird euch wieder die Sonne bescheinen und der Mond hinter dem Wald aufgehen und die Sternlein leuchten.“ Dann schaute er sich um nach Beute und ergriff ein Schlachtschwert, das dem Sarwik am Nagel hing, packte die Truhe voll Silber und Gold auf die Schulter, eine

Fracht für zwanzig Pferde, setzte die Mägdlein darauf und rief, den Schnitzelhut auf dem Kopf:

Hütlein, Hütlein, mach´ geschwinde!
Stell´ uns an die Ausgangspforte,
wo die Bretter liegen blieben.

Und alsobald stand er am Höhlentor, wo der Kessel noch hing, die Köche waren verschwunden und das Feuer am Verlöschen; er aber fachte es wieder an und warf den Hut mit Verachtung in die Flammen; da weinten die Jungfrauen, vergaßen aber die Trauer bald, als die lichte Sonne hinter den Wolken hervortrat, und der Kalewide ihnen Männer verhieß. Nun lud er die Baubretter und die Schätze auf seine Schultern, oben drauf aber setzten sich die Mädchen.

Wie er ein Stück mit seiner Last gegangen war, verfolgte ihn Sarwiks Schwager mit siebzig Gesellen; da erschraken die Jungfrauen, doch hatte eine die Wünschelrute mitgenommen, damit machte sie ein Blendwerk, das war ein großes Wasser, und die Verfolger konnten nicht zu ihnen kommen. Also gelangten sie bald an Vater Kalews Totenhügel, wo der Olewide die Stadt erbaute. Da waren auch Alews Sohn und der wackere Sulewide, die Vettern, die freuten sich alle, als sie den wackeren Helden mit seinen Schätzen sahen, und die Jungfrauen gefielen ihnen wohl.

Da nahm der Alewide die jüngste zum Weibe, der Sulewide die älteste, und Olews Sohn, der Bauverständige, vermählte sich mit der zweiten Schwester. Ihre Häuser waren schon fertig, man lud viele, und ward da ein großes Hochzeitsfest gefeiert. Da saßen die Gäste aus Wierland und der Wiek, aus Jerwen und aus Harrien, und es wurde Met getrunken in der hohen Halle, und alle Speisen waren reichlich, und sie schwenkten sich im Kreuztanz und im wierschen Wirbel und im dörptschen Dreitakt, jeder tanzte, was er konnte. Der Kalewide aber saß sinnend auf seinem Hochsitz und gedachte an seine Mutter Linda. Da sprach er: „die Stadt, die wir bauen zum Schutze der Wehrlosen, wenn Krieg sich erhebt, soll Lindanisa[47] heißen, zum Gedächtnis der lieben Mutter; mir verzehrt Gram das Herz und ist keine Ruhe gegönnt, bevor ich nicht bis an der Welt Ende gesucht habe, ob ich die Geraubte nicht finde, die irgendwo verzaubert ist. Zur weiten Fahrt entbiet ich hartbeherzte Männer, so viele mir folgen wollen, die aber daheim bleiben, sollen um Lindanisa Wälle bauen, dem Olewiden gehorsam." da waren zur Fahrt bereit die Söhne Alews und Sulews und so viele der Besten waren im ganzen Volke.

---

47 [C. Chr. Israël:] Lindanisa heißt Lindas Busen. „Zum Gedächtnis meiner Mutter, sagte der Kalewide, werde die Stadt Lindanisa genannt, denn nährt nicht sie ihre Kinder reichlich wie einer Mutter Brust?"
[Lindanise (schwedisch: Lyndanisse) ist ein alter Name für Tallinn. 1219 kämpfte hier ein dänisches Kreuzfahrerheer in der Schlacht von Lyndanisse gegen die Esten. In dieser Schlacht soll der Danebrog, die dänische Nationalfahne, vom Himmel gefallen sein. (Anm. d. Hg.)]

Zwölftes Abenteuer

Die Fahrt zum Weltende. Sarwiks Fesselung

Als die Hochzeit beendigt war, ging ein jeder, Rüstung und Waffen zu bereiten, in seine Heimat, Olewipoeg aber ließ die größten Eichen im Walde fällen, ein Schiff zu bauen. Dazu rief man aus Finnland runenkundige weise Männer, die berichteten dem Kalewiden: „Das Weltende, wo der Rand des Himmels an die Erde gefügt ist, findest du unter dem Himmelsnagel, Allvaters Hand hat ihn befestigt im Norden; aber ein hölzernes Schiff werden die Nordscheingeister verbrennen, nur ein Fahrzeug von Eisen möchte die Fahrt überdauern." Nun erst gedachte der Kalewide an die Worte der Elster: „Die Nordscheingeister der Funkeninsel werden ihm das Schiff verbrennen, die leckende Lohe wird die Mannschaft sengen"; und an die Worte der andern: „Klug deuchte mich der Mann, wenn er ein silbernes Fahrzeug bestiege." Da ward ein silbernes Schiff geschmiedet, und sie nannten es Lennok[48], davon dass es das Meer durchschnitt wie ein Vogel die Luft. Alles war zur Fahrt bereit, sie trugen reichlich Kost für die lange Reise ins Schiff, dann stiegen ein der Kalewide und seine Vettern Alewipoeg und Sulewipoeg und die Weisen, die Wind und Wetter kannten, und die Schar der Krieger.

Da schnitt das Seeross, das schönste aller Schiffe, in die Wellen und erglänzte im Sonnenstrahl, es funkelten die Harnische der Männer und es ertönte der Rudergesang. Der Steuermann richtete nach Finnland hin, Luft und See lachten und gewährten frohe Fahrt. Es hoben sich schon aus dem Wasser finnische Inseln, grün und schön, da fachten Finnlands Zauberer die Gewalt des Windes an, dunkler wurde der Himmel und wild die See und begann stärker zu stürmen, als Menschen wissen. Lennok trieb dahin und schwebte im Winde, wie eine Möwe, sieben Tage lang, da kamen sie an ein fremdes Land, und

---

48 [C. Chr. Israël:] Lennok, Linnok (Linnoke) d. i. Vöglein. Das Schiff wird wegen seiner Geschwindigkeit so genannt.

der Sprachenkundige lauschte auf die Vögel; da sprach der Rabe zum Raben: „Was suchen die Toren am mageren Rande Lapplands?"

Als das Schiff in der Bucht geborgen war, gingen sie selbviert. Der Kalewide und seine beiden Vettern und der Sprachenkundige, landeinwärts, um Warrak, den Weisen Lapplands zu finden, den sie nach der Wegfahrt fragen wollten. Weit gingen Sie über Heide und Moor, endlich sahen sie ein einsames Haus. An der Haustür saß eine Jungfrau, die spann und sang und bemerkte die Kommenden nicht, als sie aber vor ihr standen, erschrak sie und floh schreiend in's Haus. Da trat in die Tür ein Greis, den erkannte der Kalewide und sagte: „Weiser Warrak, künde uns die Wege zum Weltende, wo die Leuchte des Mondes verlischt und die Sonne zur langen Ruhe geht." Doch der erwiderte: „Kalews edler Sohn, schwer möchtest du auch nach langer Fahrt den Erdrand finden, aber fändest du ihn auch, die Funkeninsel wird euch versengen oder die Nordscheingeister, weit öffnet sich der Toten Tor. Lenke dein Fahrzeug heimwärts, dorthin will ich euch die Wege künden." Da bot ihm der Kalewide zehn Säcke voll Gold und Silber in Menge, wenn er sie zum Weltrand führen wolle. Doch Warrak besah erst das Schiff, und als er erkannte, dass es silbern war, willigte er ein und setzte sich an's Steuer.

Ruder und Wind trieben den Lennok mit Vogelschnelle dahin, da fasste auf einmal ein Meerstrom das Fahrzeug, der sich später zu einem verderblichen Strudel verschlang; das wusste Warrak und ersann eine List aus dem Strome zu kommen, der für Menschenkraft zu mächtig war. Er bewand ein Fässlein mit rotem Tuch und warf es am Tau in die Strömung; bald sah ein Walfisch den Köder und schnappte ihn, und indem er entfliehen wollte, zog er das Schiff aus dem Strudelstrom, das fuhr immer weiter bei günstigem Wind, viele Tage und Nächte. Da sahen sie Feuersäulen aufsteigen und schwarzen Rauch, und nun wussten sie, dass sie an der Funkeninsel waren. Als sie näher kamen, sahen sie drei Berge, der eine stieß Feuersäulen aus und erfüllte die Luft bis zum Himmel mit Funken, der andre ließ schwarzen Rauch aufsteigen, der dritte aber schoss siedendes Wasser hervor.[49] Da legten sie an, und Sulews Sohn ging ins Land, die Feuerpfade zu

---

[49] [C. Chr. Israël:] Die Funkeninsel ist augenscheinlich Island.

erkunden, aber wie er den Höllenweg erreicht hatte, fielen Glutsteine herab wie Regentropfen, kaum schützte er sich mit dem Schilde, und heiße Lohe sengte ihm das Gewand; mit Not entkam er und riet weiter zu steuern. Aber es war noch ein andrer kühner Jüngling in's Land gewandert, auf den wartete man lange, bis ein weißer Vogel dem Sprachenkundigen zurief, der sei ins Frühlingsland jenseits der Eisberge gefahren, wo er in immerwährender Freude lebe. Da stießen sie ab und ruderten weiter bis zum Lande des Eisriesen. Auf hohem Berge saß die Hüglamaid[50], Wolken umgaben ihr Haupt, sie fauchte und schnob, da ward Lennok von dem Sturm ihres Atems eine Weile rückwärts getrieben. Alle Männer erschraken, nur der Kalewide rief lächelnd, habe Dank, Wolkenjungfrau, für den Fahrwind. Warrak steuerte nun nach Norden, die Sonne versank und auch der Mond wollte sie nicht begleiten. Auf einmal erschraken sie von neuem, denn in der Luft kämpften die Nordscheingeister[51], schwangen goldene Schilde, das schien wie Wetterleuchten, und zückten die blitzenden Silberspeere. Das Flammenspiel schweifte herab bis auf's Schiff, es wurde heiß der Bord und heiß die Schilde der Männer, und sie deckten sich sorgsam, nur Kalews Sohn war hartbeherzt, stand hoch am Steuer und rief ihnen zu: „Freut euch, Gesellen, dass uns die Geister mit blitzenden Schilden und Speeren leuchten, wo uns der Mond sein Licht verweigert; seid hurtig in's Wasser zu rudern, schon erschaue ich die Küste, mich deucht, es wäre das Ziel der Fahrt." So fuhren sie pfeilschnell und sahen erstaunt noch von Ferne den lautlosen Geisterkampf am Himmelsbogen und merkten kaum, dass sie das Land schon erreicht hatten.

Da bargen sie das Schiff, und wenige bewachten es, die anderen Alle zogen in's fremde Land. Hier trafen sie Menschen mit Hundeleibern[52] und geschwänzt, die letzten Wächter des Weltrandes. Die ka-

---

50 [C. Chr. Israël:] Hüglamaid; Hügla ist der Name des fabelhaften Riesenlandes (?).

51 [C. Chr. Israël:] Der Kampf der Nordscheingeister ist offenbar das Nordlicht.

52 [C. Chr. Israël:] Die Menschen halb mit Hundeleibern erinnern an die entferntesten Bewohner des Nordens, von denen Tacitus in der Germania sagt,

men zu Hauf und wollten ihnen wehren, weiter zu ziehen. Da blitzten die Schwerter und röteten sich von Blut, voran schwang Kalewipoeg Sarwiks Schwert, das Feld lag voll Leichen der Feinde, die Andern flohen nordwärts und scheuten die Bisse des Schwertes.

Die kampfmüden Helden aber suchten eine Lagerstätte und warme Kost. Einige suchten Holz, das lag da genug am Strande, Andre holten Speise aus dem Lennok, es wurde ein flammendes Feuer angemacht und der große Kessel mit reichlichem Vorrat aufgesetzt. Alews Sohn erbot sich zum Koch, die Anderen schliefen, matt vom Kampfe.

Während nun der Alewide Acht hatte auf Kessel und Feuer, kam ein Wicht daher, drei Spannen hoch, der hatte ein goldenes Glöcklein um den Hals und bat, er möchte ihm doch erlauben, ein wenige Speise vom Rande des Kessels zu nehmen, eines Vogels Anteil. Das ward ihm gestattet, und flink sprang er auf den Rand und kostete. Da begab sich ein schreckhaftes Wunder, der Zwerg wuchs hoch zum Riesen bis in die Wolken und verschwand im Nebel, der Kessel aber war leer bis auf den Grund. Jetzt füllte ihn der Alewide von neuem, weckte den Kalewipoeg und meldete die böse Kunde; da wachte dieser selbst über die Speise, ganz allein, und fachte das Feuer wieder an. Und siehe, da kommt abermals der wispernde Wicht im Scheine der Flamme und bat nur um Hühnchens Anteil vom Rande, das ließ ihm der Kalewide mit milden Worten zu, nahm ihm aber, als er naschte, hurtig das Glöcklein vom Hals und schnellte den Kleinen mit dem Finger vom Kessel. Da erkrachte laut die Erde, furchtbarer Donner rollte, und der Unhold verschwand in der Tiefe, und blieb nichts als ein dichter Nebel. Alle Helden fuhren jäh aus dem Schlafe auf, der Kalewssohn aber sprach: „Bleibet hier beim Feuer und wartet auf mich, derweil ich den bösen Geist aufsuche; den sah ich schon einmal vor mir versinken.“ Dann gürtet er das Schwert um und nahm auch das Glöcklein mit und schritt fürder in den Nebel, da sahen sie ihn nicht mehr.

---

dass sie *ora hominum vultusque, corpora atque artus ferarum* [(Gesicht und Antlitz von Menschen, Körper sowie Gliedmaßen wilder Tiere; eventuell eine Anspielung auf die Pelzkleidung nordischer Völker; Anm. d. Hrsg.)] haben sollen.

Sie saßen am Feuer und bereiteten Kost, der Schlaf war ihnen allen gewichen; sie aßen und tranken Met in der langen Nacht, Lapplands Weiser aber berichtete ihnen alte Kunde und gab Antwort auf alle Fragen. Als der Nebel verschwunden war und die Sterne klarer leuchteten, als sie je gesehen, bemerkten sie ein finsteres Felsentor[53] nicht weit von ihrer Stätte, davon sagte Warrak, dass es der Eingang in's Schattenreich sei, in Sarwiks Wohnung. Und wie sie hingingen, erkannten sie auch die Tritte des Kalewiden, und nun wussten sie, dass er zu den Toten gefahren sei. Sie klagten alle, Warrak meinte, sie würden wohl hier vergeblich auf ihn warten. Und sie harrten lange. Da kam sie auf einmal eine große Furcht an, denn die Erde begann zu beben und die alten Berge wankten, es wallte die See, sie aber wollten fliehen und heimwärts steuern, denn sie dachten, dass sie doch vergeblich auf den Kalewiden warten würden. Die beiden Vettern aber, Alewipoeg und Sulewipoeg, widersetzten sich, und so verzogen sie länger. Sieben Tage bebte die Erde, da ward es stiller, am achten hörten sie Tritte von ferne, und Kalewipoeg kam aus der Höhle. Er trug schwere Säcke voll Gold, warf die Last nieder und begehrte zu schlafen. Sie durften ihn aber nicht fragen. Da schlief er drei Tage. Als er erwachte, sprach er, nun lasst uns heimwärts steuern, und sie trugen das Gold zum Schiffe (es freute sich Warrak) und stießen ab. Wind und See lachten und Lennok flog nach Mittag. Kalewipoeg aber war traurig, denn er gedachte seiner Mutter. Der Alewide aber redete ihn an: „Teurer Bruder, wir harrten lange auf dich, nun künde uns auch, was du sahest im Totenreiche."

---

[53] [C. Chr. Israël:] Ich sah mich genötigt, den Eingang in das eigentliche Totenreich auf die Funkeninsel am Weltrand zu verlegen, damit die ganze Fahrt an's Weltende nicht im Sande verlaufe, wie in der Kreutzwaldschen Darstellung. Eine Gewalttat scheint mir dies umso weniger zu sein, als auch Odysseus bekanntlich erst jenseits des Okeanos den Eingang in's Schattenreich fand und außerdem die Sage selbst auf Island hinzudeuten scheint. Der in der Totenpforte gefesselte Kalewide [(siehe Ende)] bewirkt durch sein Reißen am Felsen Erdbeben; hier ist die Anschauung eines Vulkans, der nur in Island gesucht werden kann (cfr. Enceladus[, ein Gigant der griechischen Mythologie (Anm. d. Hg.)] im Aetna).

Da sprach der Kalewide: „Ich stieg hinab durch das Felsentor und wandelte dunkle Pfade, die Finsternis nahm bei jedem Schritte zu, es deuchte mich die Erdenmitternacht lichter Tag dagegen zu sein. Und ich tastete mühsam, ein Mäuslein aber rief mir zu, lass dein Glöcklein erklingen. Das tat ich; da ward es hell wie von funkelndem Gold, und rasch durcheilte ich weite Wege. Auf einmal waren mir die Schritte gehemmt, denn es waren tausendfältig goldene Fäden vor mir gespannt, wie Spinnennetze, und ob ich sie gleich zerriss mit starkem Fuß, so wurden sie dichter und dichter und lähmten die Schenkel, bis mir eine Kröte im Steinriss sagte: lass doch das Glöcklein klingen. Das tat ich abermals, da schwanden die Zauberfäden, und rasch ging die Fahrt von statten."

„Bald kam ich an ein Bächlein, nur einen Schritt breit, das wollte ich überschreiten, aber das andere Ufer wich vor dem Fuße, so oft ich ausschritt, und ich trat immer zu kurz in tiefen Schlamm. Da rief mir ein Krebs aus dem Bache: lass das Glöcklein erklingen, und wie es klang, stand das Ufer fest."

„Aber nicht weit war ich gegangen, da kam eine neue Plage, Schwärme von Mücken stießen auf mich, dichter als die Flocken im Schneesturm, und füllten mir Augen, Ohren, Mund und Nase, ich konnte weder sehen, noch hören, noch atmen und vergaß in der Not mein Glöcklein zu läuten, bis mich eine Grille im Grase erinnerte; da zerstob das Geschmeiß. Das Glöcklein aber band ich fest an meine Hand."

„Ich nahete nun einem Strom, der floss von schwarzem flammendem Pech und bildete die Grenze des Schattenreiches, eine hohe Eisenbrücke aber führte darüber. Auf ihr standen die Totenwächter, Sarwiks tapferste Mannschaft, die wehrten mir den Zugang. Da ward ich eisengrimmig, band den Helm fester und fasste das Schwert, dass die Knöchel weiß wurden und lief gegen die Brücke an. So hatten die Höllenkämpfer noch nie zu fechten gefunden; es stürzten die hart verhauenen, wunden Gesellen übereinander, nicht reichte der Raum der Brücke, sie fielen rechts und links in den flammenden Fluss, ich aber drang weiter durch die Scharen vor, und sie wichen immer schneller, achteten nicht auf Sarwiks Drohung und flohen zuletzt in düstere Ferne."

„Der Totenherrscher selbst wich in sein Haus zurück, hinter hohe Mauern, ich aber zertrümmerte das Hoftor und schaute in die wiete Halle. Leer standen die Bänke, alles war entflohen, allein der bleiche Schatten eines Weibes saß am Spinnrad, Goldfäden spinnend. Ihm nahte ich mich: da sah ich sie an und erkannte das Antlitz meiner lieben Mutter, es schmolz mein Zorn, ich musste weinen, ich breitete die Arme nach ihr hin, aber der Schatten wich stumm zurück. Gram schnürte mir das Herz zu, als ich das sah, denn nun erkannte ich, dass sie tot sei und nicht verzaubert."

„Sie aber wies mir eine Schale am Spinnrad und deutete, dass ich trinken sollte; das tat ich, da wuchsen meine Kräfte, und Kampfesmut erfüllte mein Herz, und als der Schatten Lindas auf eine Tür zeigte, schlug ich mit Kraft daran und sprengte sie. Da saß Sarwiks Mutter und empfing den Gast mit glatten listigen Worten und erzählte, dass der Fürst der Schatten nicht daheim sei. Ich aber erschaute eine geheime Pforte, und war eben daran, sie aufzubrechen, da sprang sie von selbst auf, und dreißig Knechte Sarwiks stürzten hervor mit Wolfsgeheul und fielen mich an wie die Meute den umkreisten Bären. Wild war der Lärm des Kampfes und die Halle schwankte; aber nicht lange mehr, da ward es still, denn ich hatte allen den Mund geschlossen und die Gelenke gelähmt."

„Jetzt trat Gehörnte selbst hervor, seine Miene deutete nicht auf Frieden, und sprach: „Zwei Mal kamst du als Räuber in meine Behausung und brachst den Frieden ohne Grund, du nahmst den Wunschhut und die Zauberrute, trugst mir das Schwert von dannen und die Goldlast, dazu die Mädchen, die mir Ucko zusprach, und das Glöcklein da; brachtest mir genug des unverdienten Schadens." Aber ich erwiderte: das Gesindel der Zauberer, denen du Höllenkräfte verleihst, tat mir viel Herzleid, das weißt du wohl, Unheilschmied, heil mir, dass ich den Quell verstopfe, aus dem mir der Strom alles Leides geflossen ist. Sarwik sprach: „Noch ein Kampf erwächst dir jetzt, der schwerste von allen, um die Heimfahrt warst du unbesorgt, Knabe, da du den dunklen Pfad in's Schattenreich gingst." Ich sprach: Um den

Ausgang sorge du, ich will dich fesseln im eigenen Haus, heil wie das erste Mal fahre ich auch das andere Mal von hinnen."

„Da packten wir einander um die Hüften, von einem grimmigeren Kampf weiß niemand zu sagen, wir pressten uns mit Eisenarmen, dass das Blut unter die Nägel schoss, und stampften mit den Füßen im Grund der Erde, dass alles erbebte und Sarwiks Haus wankte; wir rangen lange. Auf einmal fühlte ich, dass meine Kräfte ermatteten, aber der Schatten der Mutter schwebte heran. Sie schwang den Wokkenstock[54] hoch im Kreise und warf ihn dann zur Erde nieder; das Zeichen verstand ich. Ich hob den Sarwik hoch empor und drehte ihn im Kreise, dann warf ich ihn nieder und fesselte ihn mit der Eisenkette, um den Hals, an den Händen und an den Füßen, das Ende der Kette zog ich durch einen großen Felsen und festigte ihn tief im Grunde der Erde, auch nahm ich ein anderes Felsstück und wälzte es darauf als Widerhalt. Der Sarwik heulte entsetzlich und bot als Sühne, so viel Gold in der Tiefe läge, aber ich sagte, das nähme ich auch so schon. Da rief der Gehörnte, das Glücksei habe dünne Schale, ich solle den Tag nicht vor dem Abend loben, ich aber fand da viel Gold in Haufen und eilte dem lieben Tage zu."

So sprach Kalewipoeg. Er berichtete auch noch vieles andere und brachte Kunde, die noch kein Mensch vernommen hatte. Ehe sie es dachten, war schon die Fahrt beendigt, und sie fuhren in die Bucht bei Lindanisa, die Lalli heißt.

---

[54] [Anmerkung Hrsg.: Wocken ist eine andere Bezeichnung für den Spinnrokken.]

Dreizehntes Abenteuer

Der Kampf bei Assamalla[55] und Wöhanda[56]. Des Sulewiden und Alewiden Tod

Als die Helden heimgekehrt waren, herrschte großer Jubel in Lindanisa, und das Volk drängte sich zum Königspalast. Da hielten sie ein großes Gelage, das währte sieben Tage, und ward da viel Met getrunken, denn immer im Kreise gingen die Kannen von Hand zu Hand. Und alle begehrten Kunde von dem, was die Lennokschiffer erlebt hatten. Die erzählten nun ihren Freunden die Nächte durch am Kaminfeuer, und die des Gesanges kundig waren, nahmen die Schwedenharfe und berichteten alte und neue Sagen, darin übertraf alle der Sulewide, der sang, was die blonden Mägdlein am liebsten hörten. So fröhlich waren sie nie zuvor versammelt gewesen, und gedachten auch, dass sie nun bei ihren Weibern in Lindanisa in Frieden leben würden. Des freuten sich aller Söhne Mütter.[57]

Da kamen Boten angesprengt, dass die Balken der Brücken dröhnten, die meldeten dem Kalewiden, dass vom Meere her feindliche Eisenmänner[58] mit blinkenden Speeren und scharfen Beilen heranzögen. In Eile sandte er Boten rings in's Land, welche die Mannschaft zum Streite entbieten sollten, sie sollten sich bei Taaras Eichenwald sammeln. Zu seinen Vettern aber, dem Sulewiden und dem tapf-

---

55 [Anmerkung Hrsg.: Heute ein Ortsteil der estnischen Stadt Tamsalu.]

56 [Anmerkung Hrsg.: Der Bach Wöhanda fließt im Süden von Tartu/Dorpat.]

57 [C. Chr. Israël:] Dies fröhliche Gelage ist die Todesweihe der Helden – Es erinnert an das heitere Mahl der Nibelungen bei Graf Rüdiger von Bechlarn unmittelbar vor dem furchtbaren Mordkampf, an das Schmausen und Lachen der homerischen Freier unmittelbar vor der Rache des Odysseus.

58 [C. Chr. Israël:] Die Eisenmänner können nichts anderes sein, als die deutschen Ritter (Schwertbrüder), welche im 11. Jahrhundert vom Meere her Estland unterjochten. Wenn die Erinnerung an diese Kämpfe hier mit der uralten Sage vom Kalewipoeg in Verbindung tritt, so ist das nicht auffallender, als wenn sich die Schlacht bei Chalons im Nibelungenlied widerspiegelt.

eren Alewipoeg sprach er: „Im Krieg ist das Gold nicht sicher, auch nicht in festen Kammern, noch das Silber unter dem Truhendeckel; darum lasst uns unseren Schatz in die Erde bergen, bis uns das Glück wieder blüht." Und sie trugen die Last des roten Goldes und das blanke Silber an einsamen Ort, und bargen den Schatz tief unter dem Kiesgrund. Dort liegt er noch, denn keiner der drei kam je wieder an diesen Ort, und der Kalewide hatte ihn verzaubert mit kräftigen Worten, also dass er nur gehoben werden könne, wenn beim Leuchten der Johannisfeuer einer keuschen Mutter Kind einen schwarzen Hahn mit doppeltem Kamme, eine schwarze Katze und einen Maulwurf opfere. „Dann leuchte", sprach er, „Kalewidenhort aus dunkler Tiefe."

Jetzt erst wappneten sich die Männer zur Heerfahrt und nahmen Schild und Schwert, der Kalewide bestieg sein Streitross und blies ins Kriegshorn; das tönte so mächtig, dass die Berge erschraken und der Wald erbebte und es gehört wurde durch ganz Wierland, Jerwen und Harrjen, bis nach Pernau[59] und Allentaken, ja bis nach Oesel, dem Eiland der Kraniche. Da zogen sie von allen Seiten heran, und bis zum fünften Tage waren alle bei Taaras Eichenhain versammelt. Sie schlugen ein Lager auf und rasteten einen Tag und den andern, aber am dritten rückten sie nach Osten vor und trafen die Eisenmänner. Der Kalewide schleuderte ihnen seine Lanze entgegen, es sauste der Lindenschaft, er spornte das Ross und zog das Schwert, da begann das Volksgefecht. Schrecklicher Kampf ward erweckt, die Wiese gerötet und Männer gefällt, die Tapferen lagen da wie Gras bei Assamalla[60], das schuf Tränen mancher Mutter. Da sprengte Kalews Sohn grimmiger gegen die Feinde, mit seinem Schwerte mähend, und sie flohen, und jetzt würde sie alle der Tod ereilt haben, aber das Kampfross des

[59] [Anmerkung Hrsg.: Die Hafenstadt Pärnu in Estland.]

[60] [C. Chr. Israël:] Assamalla, ein zum Gute Borkholm gehöriges Dorf, wird nach Kreutzwald, übereinstimmend in allen Sagen als der Schauplatz einer großen Schlacht bezeichnet, wo der Kalewipoeg mit seinen Genossen ein feindliches Heer vernichtete. Man soll auf den dortigen Feldern häufig Stücke von steinernen Waffen beim Pflügen gefunden haben. [Diese Fußnote findet sich im Anhang – es fehlt allerdings die korrespondierende Nummer im Text. (Anmerkung des Hrsg.)]

Helden stampfte zu tief in die Rasendecke, stürzte und zerschellte sich im Fall. So endigte sich die Schlacht. Den Kalewiden aber quälte ein brennender Durst; er trank aus dem See, dass sich das Wasser an den Ufern senkte und weit zurückwich. Und sie begruben die Toten auf dem Grund, damit die Gräber später vom Wasser bedeckt würden und Geistergesang aus den Wellen ertönte.

Nachdem die kampfmüden Männer einen Tag gerastet, zogen sie weiter den Feinden nach; es schmausten die Wölfe auf dem stillen Leichenfelde bei Assamalla. Wöhanda heißt ein Ort, da hatten sich die Eisenmänner wieder gesammelt, hier begann die Nordschlacht von neuem, und grimmiger kämpften die gepanzerten Feinde mit Schwertern und Streitäxten. Voran ritt im Sturm der große Kalewssohn, auf ihn hielten die Feinde, dicht geschart; da traf ihn ein Unglück, denn es wurde sein Streitross gefällt, die Wierschen Jünglinge aber erschraken und wichen zurück, als er sank. Doch der erhob sich wieder, ein Baum in der Schlacht, und neben ihm stritten unverzagt die treuen Vettern, der Sulewide und der Olewide und Alews schlanker Sohn mit blinkendem Helm, der leuchtet im Kampf wie die Sonne; rings um sie rötete sich die Heide und färbten sich die Sträucher. Es sank auch Sulews schöner Sohn, von der Axt getroffen, runenkundige Männer wollten den Blutstrom stillen, aber der Held war zum Tode getroffen und welkte auf grüner Heide. Rings umher lagen die Tapfersten unter den erschlagenen Feinden. Da zog die Nacht her von Osten und endete die blutige Arbeit.

Matt vom Kampf und vom Durst gequält, suchten die drei Helden Wasser auf der flachen Ebene. Sie fanden einen See mit hohen Ufern, beugten sich nieder und tranken gewaltig, der Alewide aber glitt aus und sank in die Tiefe. Die Freunde konnten ihn vom Tod nicht retten, sie zogen nur den starren Leichnam aus dem See und begruben ihn unter hohem Hügel. Seine blinkende Eisenhaube und das dreischneidige Schwert blieben im See und leuchten da noch immer bei hellem Sonnenschein.

Vierzehntes Abenteuer

Die Trauer des Kalewiden und sein Tod

Trauernd saß der Kalewide am Strande des Sees und ließ laute Totenklage erschallen, klagend rollten die Wogen, seufzend wehte der Wind und trüb erschien das Kleid des Taues, es tränten die Augen der Wolken. Da sprach er zu Olewipoeg: „Die Blumen der Lust sind auf meiner Flur verwelkt, ehe noch mein Sommer geboren; eine Birke, im Lenz verdorrt, stehe ich da, erschlagen sind alle meine Freunde, meine Brüder dahin, und die liebe Mutter weilt im Totenreiche, meine Freudentage sind vergangen und der Abend meines Glückes ist gekommen. Darum will ich in der Einsamkeit trauern, du aber, kluger Olews-Sohn, herrsche an meiner Statt und wallte glücklich auf Wierlands Hochsitz."

So sprach der Held und suchte Zuflucht fern im einsamen Wald, und erbaute sich dort eine Hütte und nährte sich von Fischen und Krebsen. Lange Zeit war ihm kein lästiger Gast gekommen, da erschaute er einst drei Eisenmänner, die naheten sich ihm und schmeichelten ihm mit glatten Worten und baten ihn, er möchte mit ihnen gehen und mit ihrer Klugheit seine Kraft verbinden. So würden sie unbesieglich sein. Er aber kehrte ihnen den Rücken und blickte in's Wasser. Da sah er im Spiegel, wie sie sich anschickten, ihn von hinten zu morden, er aber ergriff den ersten und schleuderte ihn bis zur Brust in die Erde, den zweiten aber bis zur Wange und der dritte verschwand im Boden, nichts war mehr zu sehen, als eine Grube in der Erde. Bald kam noch ein vierter, der bat ihn auch mit glatten Worten, der Kalewide aber sagte, er wolle sich erst stärken durch eine Mahlzeit, und hieß den Eisenmann die Köderstange aus dem Fluss ziehen, ob sich nicht Krebse gefangen hätten. Der aber war zu schwach, den Fichtenstamm zu heben, da zog Kalews Sohn mit einer Hand die Stange heraus, und der Eisenmann staunte, als er sah, dass als Köder ein totes Pferd an der Fichte steckte, und der Held schickte ihn fort mit den Worten: „Sage den Eisenmännern, solche Kraft duldet kein Sklavenjoch."

Einst wandelte der Kalewssohn auf einsamen Pfaden, die sein Fuß noch nie betreten hatte, da kam er auch an den Käpabach und gerade an die Stelle, wo sein Schwert im Grunde lag. Er erkannte das Ufer nicht, und wie er den Fluss durchwaten wollte, gedachte das Schwert an den Zauber des Finnenschmieds, da er sprach: „Edles Eisen, durch Mord entweiht, räche selbst mich einst, wenn der Mörder arglos ist"; es mochte aber seinen alten Herrn nicht töten; da gedachte es aber auch an das Wort, welches der Kalewide beim Abschied ihm zugerufen hatte, da er sprach: „Steigt der, der dich trug, einst in diese Flut, dann teures Schwert, durchschneide dem Räuber die Fersen"; der Kalewide hatte den Zauberer gemeint, das Schwert aber wurde durch das Wort des Waffenschmiedes verwirrt und schnitt dem Helden beide Füße ab.

Er fiel zurück auf's Ufer, und ließ lauten Klageruf erschallen, es rötete sich der Bach von dem Blut, das dem todwunden Manne entströmte, sein Schmerzensschrei wurde gehört bis in die hohe Himmelshalle. Doch bald verstummte die Klage, blass wurde sein Angesicht und starr der Leib, die Seele aber schwang sich in die Wolken wie ein Vogel zum ewigen Festgelage in Taaras Halle.

Da hielten hochheilige Götter Rat, was sie dem gewaltigen Manne für ein Amt im Himmel gäben. Sie sannen und rieten viele Tage, bis sie endlich eins wurden, dass er Wächter am Totentor sein und den Sarwik betreuen sollte, damit er's sich nie wieder aus seinen Banden löse.

Und sie geboten der Seele wieder in ihren Leib zu fahren und halfen, dem fußlosen Helden auf ein weißes Streitross und sandten ihn auf geheimen Wegen an die Grenzen des Schattenreiches. Als er an's Felsentor kam, rief eine Stimme: „Schlage mit der Faust an den Felsen." Das tat er, und die Hand blieb gefesselt in der Spalte durch Manas[61] Kraft. Dort hält er Wache über den Gefesselten, selbst gefes-

---

61[Anmerkung Hrsg.: Mana bzw. Tuonela ist das Totenreich der finnischen Mythologie.]

selt; und wenn er die Hand losreißen will, dröhnt und bebt die Erde und das Meer wallt. Einstmals aber wird er wieder frei werden; dann kehrt er zurück und bringt eine neue Zeit der Esten.

Briefmarke zum 100jährigen Jubiläum der Edition des
Kalevipoegs (Quelle: © nnv - Fotolia.com)

Christian Conrad Israëls Gedichte zum Kalewipoeg

Des Kalewiden Abschiedslied an sein Schwert

Schlaf in deinem Ruhebette,
schlafe süß, du teures Schwert,
das dem Waffenschmied in Finnland
und den Seinen soviel Tränen,
soviel Schweiß und Blut gekostet;
schlaf auf deinem kühlen Lager,
in den Armen deiner Nixe.
Eine Bitte noch beim Abschied
leg ich an dein Herz, Gefährte:
Sollten starke, tapfre Männer
später Zukunft dieses Ufer
einst mit ihrem Fuß betreten,
so begrüße sie dein Blick
glitzernd aus des Baches Wellen.
Dann musst singen, wie ein Vöglein,
flöten, wie die Nachtigall,
wie die Lerche lustig trillern;
dann erhebe, Kampfgenosse,
rauschend dich von deinem Lager
und vermähle dich dem Tapfern!
Aber steigt, der dich getragen,
einst in diese Silberfluten,
dann, mein lieber Kampfgenosse,
dann durchschneid ihm beide Fersen!

Aus dem Kalewipoeg

Kalews Spätgeborner, auf der Suche nach der geraubten Mutter kommt an einen unbekannten Felsen und hört da einen leisen Gesang:

Aus dem Horste zog der Adler,
weit vom Hause weg der Starke;
weithin flog der junge Adler,
von der Kindespflicht getrieben,
seiner Mutter Raub zu rächen.
Mächtig waren seine Flügel,
scharf und grimmig seine Fänge;
schön von seines Vaters Hofe,
wie der Tropfen aus der Wolke,
wie vom Haselstrauch ein Blättchen,
wie der Vogelbeeren Purpur,
von dem Sturme losgerissen,
unschuldvollen Herzens flog er
durch die Lüfte in die Ferne,
wie der Schwan nach fernem Wasser.
Ach, wie kehrtest du zurück,
junger Ar aus fernen Landen?
Warst so rein du noch, wie einst,
als du auszogst in die Ferne?
Unter Deinen starken Fängen
hat die Unschuld sich verblutet,
sank die Liebe in den Abgrund!
Diese Doppelschuld zerreißet
nun dein Herz, du jungen Adler,
raubt dir deinen Seelenfrieden.
Und doch sagt' an deiner Wiege
einst so hoffnungsvoll die Mutter:
„Hüte dich, du junger Adler!

Hüte dich vor deinem Schwerte!
Blutschuld schreit nach blut'ger Rache!"
Mehr zu sagen ist dem Schatten
deiner Mutter nicht vergönnt!

Also sang der Mutter Schatten auf den Fittichen des Windes. Da erkannte Kalews Sohn, dass Linda zur Ruhe eingegangen sei.